행복한 할머니의 미라클 모닝

1% 도전의 행복!

챌린지

Challenge

이은진 지음

K⁺
MIRACLE
MORNING
KMM PUBLISHER

행복한 할머니의 미라클 모닝

1% 도전의 행복!

챌린지

Challenge

이은진 지음

추천사

작은 도전 목표는 동기부여다!

인간의 본성은 자기도 모르게 무질서와 혼란의 상태로 가려는 경향이 있다. 이때 구체적인 목표는 그 체계 속에서 좋은 결과를 가져다준다. 즉, 목표는 동기부여이며 성공으로 이끈다. 어떤 이의 삶에도 기적은 일어날 수 있다. 기적은 1% 작은 도전 습관의 반복이다. 목표를 아주 작게 나눠서 1%씩 작게 도전하는 습관의 반복이 기적인 것이다. 아인슈타인은 이 세상에는 두 종류의 사람이 있는데 첫 번째 사람은 기적 같은 건 없다고 믿는 사람, 두 번째 사람은 모든 것이 기적이라고 믿는 사람이다. 기적이 있다고 믿고 1%씩 매일 아침에 일어나서 작은 도전을 반복하면, 기적이 일어난다. 이 책의 저자 71세 할머니가 카약을 선수처럼 타는 것처럼은 아니더라도 매순간 기적이 있다고 믿는 사람이 될 수 있다.

우리는 우리가 해야 하고 나아가야 하는 방향을 몰라서 안 하는 게 아니다. 아무리 성공한 사람들이 길을 알려준다고 해도 사람들은 그 길을 가지 않는다. 그 이유는 간단하다. **습관이 되지 않아서이다.** 하루 10분이라도 목표를 가지고 계속 하다 보면, 결국은 10분이 작은 성공 습관이 된다. 계속하지 않으면 실패라는 학습된 무기력 때문에 결국 인생에서 진짜 목표는 사라지고 우울과 좌절로 삶을 망치게 된다. 노년들의 삶을 보면 그들의 삶의 목표가 있느냐 없느냐에 따라서 얼굴과 목소리와 행동이 다르다는 것을 알 수 있다. 이 책의 저자는 목표가 있었다. 71세이지만, 목표가 있었기에 동기부여가 되었고, 동기가 부여되었기에 행동하고 실천했다. 그 결과 젊은 사람들과 어울려서 운동하고 그들을 가르치는 지도자의 역할까지 가능하게 되었다. 선수용 카약 K1을 타겠다는 도전의 목표와 열정이 이 책의 저자를 그렇게 만들어 놓을 것이다.

마음은 몸을 움직이게 하는 주인이다. 아주 작은 결심이지만 그것이 실행되고 반복되면 놀라운 변화를 일으킨다. 어린 새가 날갯짓을 매일 반복하여 하늘을 날게 되듯이 천일을 반복하고 만일을 반복하다보면 자신도 모르게 그 분야에 숙련가가 되는 것이다. 누구나 처음에는 어린 새처럼 서투르고 완전하지 못하다. 하지만 하늘을 날기까지 필요한 것은 아주 대단한 것이 아닌 바로 그것을 하겠다는 결심과 실행하는 일이다.

준오헤어 대표 **강윤선**

목차

제1장

왜 1% 어려운 것을
선택해야 하는가?

"딱 1% 어려운 도전이
인생을 행복하게 만든다!"

바다에서 썰물이 다 빠졌을 때
비로소 당신은 누가 발가벗고 헤엄쳤는지 알 수 있다!

- 워렌 버핏

제1장

왜 1% 어려운 것을
선택해야 하는가?

더 나은
인생을
추구한다

　나는 일흔이 다 되어 카약을 알게 되었다. 코로나로 인해 실내 체육시설 모두가 정지상태였다. 그 와중에 카약을 타고 있는 선수들이 눈에 들어왔다. 멋이 있었다. 멋을 느끼는 순간 즉시 담당 감독님을 만났다. 타고 싶다는 의사를 밝혔다. 돌아오는 대답은 '안 된다'라는 것이었다. 너무 단호한 거절이었다. 나이가 많다는 이유다. 쉬운 운동이 아니라 젊은 친구들도 도전하기가 어렵다는 것이다.

물러서고 싶지 않았다. 내 인생까지 걸며 마지막 도전이라고 간청했다. 그제야 겨우 허락을 받았다. 처음 타본 배는 누구나 탈 수 있는 체험용 카약이었다. 중학교 1학년이었던 손녀딸과 함께 시작했다. 나름대로 재미는 있었다. 하지만 나는 선수용 카약인 K1에 도전해 보고 싶었다. 감독님께 어려운 부탁을 드려 교습받기로 했다.

첫날은 물에 빠지는 훈련이었다. 젊은 친구들도 쉽게 잘 도전하지 않는 1% 어려운 도전이었다. 단 1초도 버티기 어려웠다. 카약에 앉는 순간 넘어질 수밖에 없는 것을 도전하려는 자신이 부끄럽기도 했다. 하지만 나는 그때부터 오늘까지 특별한 날이 아니면 카약을 타는 일을 멈추지 않았다. 누가 그랬다. '실력 차이가 아니라 시간 차이'라고. 나는 이 말을 실감하고 있다.

나는 620번 물에 빠졌다. 역대 최고 기록이다. 하지만 그렇게 빠졌기 때문에 대한민국에서 유일하게 선수용 카약을 탈 수 있는 70대가 될 수 있었다. 선수용 스프린트 카약을 타면서 인천 송도 수로를 따라 거침없이 전진할 때, 느끼는 희열과 기쁨과 행복은 백만장자도 누릴 수 없는 크나큰 기쁨이고 행복이다.

　지금은 매일 1%씩 어려운 도전을 한 결과 프로선수처럼은 아니지만, 시합할 정도의 실력을 갖추었다. 이제 시작하는 젊은 친구들에게 안전 교육과 카약을 잘 타는 방법을 알려주며 그들과 함께하면서 매 순간 행복을 느끼고 있다.

　아마도 처음 감독님이 안 된다고 거절하실 때 어렵다는 이유로 포기했다면 지금 내가 느끼는 이 행복은 없었을 것이다. 모든 것에는 대가가 따르기 마련이다. 내가 오늘 느끼는 행복에는 많은 것을 치러야 했다. 물에 빠져야 했던 순간들을 생각하면 아마도 많은 사람이 어려운 것을 도전하지 않는 이유를 조금은 알 것 같다.

그런데도 1% 어려운 것을 선택해야 하는 이유는 무엇일까? 그 것은 자명하다. 좀 더 나은 삶을 살아야 하기 때문이다. 좀 더 가치 있는 삶을 살아야 할 의무가 우리에게 있기 때문이다. 우리는 만물의 영장으로 태어났으며, 생각할 줄 아는 동물이기에 내가 가는 길을 내 스스로 개척할 줄 알아야 한다. 그래서 매 순간에 더 나은 쪽으로 선택해야 한다. 그것이 바로 1%의 어려운 선택이다.

사람들이 말하는 99%는 평범하고, 나머지 1%만이 특별하다. 그렇다면 평범한 99%와 특별한 1% 중 어느 쪽이 더 행복할까?

이 질문에 대한 대답은 사람마다 다르겠지만, 나는 개인적으로 1%에 손을 들고 싶다. 물론 새로운 도전을 한다는 것이 쉬운 일은 아니다.

누구나 자신만의 꿈이나 목표를 가지고 있기 때문이다. 만약 아무런 목표도 없이 그저 흘러가는 대로 살아간다면 그것만큼 불행한 일도 없을 것이다. 대부분 사람은 지금보다 더 나은 삶을 살고 싶어 한다. 나 또한 그 중 한 사람이다. 그러나 정작 변화를 위한 노력은 하지 않는다. 현재의 상태에 만족하며 살아가는 것이 편하므로 실패할지도 모른다는 두려움이 있기 때문이다.

우리는 대부분 평생 다이어트를 하며 살고 있다. 방법과 이론은 아주 간단하다. 우리가 좋아하는 탄수화물을 줄이고 채소를 조금씩 더 먹는 것이다. 이렇게 한다면 자기도 모르는 사이 몸무게는 줄어들 것이다. 좋아하는 일을 할 때 능률이 오르지만 다이어트는 그 반대로 지금까지 좋아했던 것을 줄이는 것이다.

내 몸무게는 64㎏이었다. 나는 별로 뚱뚱하지 않다고 생각했다. 그러나 옷 사이즈가 늘기 시작하면서 내 스타일이 변하기 시작했다. 박스스타일 같이 편한 것만 찾으면서 내 본모습은 사라지기 시작했다. 또한, 혈압약까지 먹어야 했다. 옷장의 옷들이 변화하는 모습은 나를 결단하게 했다. 채소와 과일만 먹는다는 것은 참으로 힘든 일이지만 꾸준히 일 년 넘게 노력한 결과 지금은

77사이즈에서 55사이즈로 바뀐 몸이 되었다. 혈압도 정상 수치로 돌아왔다. 모든 것이 정상이다. 노력과 결단 없이는 변화를 기대하기 어렵다.

새로운 일을 시작할 때 가장 큰 장애물은 무엇일까? 바로 두려움이다. 다양한 생각들로 나를 움직이지 못하게 한다. 이처럼 두려움 때문에 시작조차 못 하고 포기한다. 하지만 세상에는 성공보다 실패가 더 많다. 그리고 수많은 실패 속에서 성공이라는 열매를 맺을 수 있다.

따라서 성공은 도전 없이 이룰 수 없다. 하고 싶은 것이 있다면 당장 시작해 보자. 그리고 용기를 내보자. 처음은 힘들지만, 어느새 적응하고 있는 자신을 만나게 될 것이다. 나는 도전을 통해, 내 삶에 적용하게 된 좌우명이 하나 생겼다.

"하면 된다."

아주 간단하다.

여러분들도 적용하기를 바란다. 훨씬 도전이 쉬워질 것이다.

모든 것에는 순서가 있듯이 도전도 마찬가지다.

첫째, 평생 하고 싶었던 것을 도전한다.

둘째, 두려움을 없앤다.

셋째, 잘할 수 있다는 생각으로 전환한다.

넷째, 어려운 일이 닥쳤을 때는 일의 과정이라고 생각한다.

다섯째, 인내하며 견디어 낸다.

여섯째, 변하고 있는 것을 느낄 것이다.

일곱 번째, 자신감이 생긴다.

여덟 번째, 잘하고 있다.

아홉 번째, 성공이라는 속으로 들어가고 있다.

열 번째, 행복하다.

첫째, 평생 하고 싶었던 것을 도전한다.

지금까지 느끼고 지나왔던 시간을 생각하며 다시금 도전을 시작해 본다. 카약을 도전하며 보냈던 지난 3년이라는 시간은 코로나로 인한 환경이 가져다준 도전이고 지금까지도 끝나지 않는 도전이다.

카약은 이제 내 건강 지킴으로 자리 잡았다. 그리고 이제는 새로운 도전을 선택할 때이다. 내가 가장 하고 싶었던 마음속에 있었던 것을 꺼내기 시작했다. 나는 늘 내 인생을 글로 써보고 싶었다. 하지만 내세울만한 학력이나 경력의 소유자가 아닌 나로서는 방법과 용기가 나지 않았다. 또한, 길을 몰랐다. 대단한 사람들만이 할 수 있는 부분이라고만 생각했다.

그러던 중 카약 스프린트 K1에 도전하면서 느끼는 점이 있었다. '하고자 하니 길이 생긴다.'라는 사실이었다. 우리 속담에 "뜻이 있는 곳에 길이 있다."라는 말이 있다. 보이지 않지만, 하늘길도 있고, 바닷길도 있다. 그렇듯 하고자 한다면 길을 찾아가면 된다.

내가 책을 쓰기 시작한 동기가 있다. 첫째 마음으로 품은 세월이 70년이나 지났다. 물론 어릴 때부터는 아니지만 초등학교 시절부터다. 자녀도 10개월을 뱃속에 품듯이 꿈도 품지 않으면 나오지 않는다. 도전은 결과물이다.

그리고 삶의 활력을 카약으로 찾은 후에 하고 싶었던 도전들은 계속 드러나고 있다. 마지막이라고 시작한 도전은 또 다른 도전을 하게 하는 원동력이 되어 내 삶을 행복하게 하고 있다.

둘째, 두려움을 없앤다.

우리가 무언가 새로운 일을 할 때 두려움이 찾아온다. 가보지 않은 길이기 때문이다. 그러나 내가 가지 않았을 뿐이지 그 길을 먼저 간 사람들은 있다. 길을 만들고 수고한 사람들이 있어서 그들을 따라가면 되는 것이다. 너무 쉬운 일이다. 그리고 먼저 간 사람들에게 감사한 일이다. 내가 글쓰기를 시작하면서 알게 된 일이지만 모든 것에는 공식이 있다는 것을 다시 한번 느끼게 되었다. 공식을 알았다고 길이 쉬워지는 것은 아니다.

우리는 등산하게 되면 이정표를 만난다. 이정표를 보고 내 위치와 앞으로 갈 길을 알 수 있듯이 인생의 도전도 똑같다. 그것이 바로 공식이다. 길은 알 수 있지만, 수고는 똑같다. 알고 있다고 힘이 들지 않는 것은 아니다. 그러나 내가 서 있는 위치를 알고 있을 때 목표를 수정하고 계획을 세우며 갈 수 있다.

도전을 꿈꾸며 성공한 사람은 이 말을 공감하지만, 도전해보지 않았던 사람은 이해하기 어려울 것이다.

셋째, 잘할 수 있다는 생각으로 전환한다.

모든 것은 마음먹기에 달려 있다. 마음만 먹으면 모든 것을 다할 수 있다는 것이다. 그렇듯 마음을 먹는다는 것은 힘든 일이다. '힘들다'는 마음과 생각을 전환한다는 것은, 다시 말해 '하는 일에 성공할 수 있다'는 믿음이다. 마음에 씨를 뿌려 보자. 할 수 있다는 긍정의 씨를 뿌려 성공의 열매가 주렁주렁 열리는 것을 체험해 보자.

넷째, 어려운 일이 닥쳤을 때 일의 과정이라고 생각한다.

위험은 늘 우리를 기다리고 있다. 지나가는 길목에 서 있는 사자와도 같다. 그러나 우리는 그냥 옆을 지나가면 된다.

무섭기는 하겠지만 옛 속담에 "호랑이 굴에 들어가도 정신만 차리면 된다."라는 속담처럼 지나가는 길목의 한 부분이라고 생각하면 모든 길이 쉬워진다. 생각해 보자. 살아오면서 앞이 캄캄했던 일이나 감당하기 어려웠던 일들은 그 모든 것이 세월과 함께 지나간다. 그리고 지금 멋있는 모습으로 서 있는 자신이 얼마나 대견한가. 우리는 그런 존재들이다. 우리는 삶의 과정을 지나고 있을 뿐이다. 모든 것은 과정의 한 부분일 뿐이다.

다섯째, 인내하며 견디어 낸다.

고진감래(苦盡甘來)란 '쓴 것을 다하면 단 것이 온다. 고생 끝에 낙이 온다'는 말이다. 인내란 우리가 살아가는 데 필수 과목이다.

인내하지 않고 얻어지는 것은 하나도 없다. 평생 하고 싶었던 것을 하는 과정에서 인내할 부분들은 우리의 삶 속에 많은 것을 차지하고 있다. 나는 지금도 카약이 물 위에서 외줄타기처럼 어렵다. 약간의 균형을 잃게 되면 물에 빠지고 만다. 시작한 지 3년 차인데도 말이다.

때론 K1을 타고 싶지 않을 때도 있다. 그러나 나는 계속한다. 그것이 도전이고 나를 세우는 방법이기 때문이다. 자식도, 친구도, 지인도 아무도 하라는 사람이 없다. 그러나 나는 나와의 약속이고 내가 세운 목표이기에 달려가고 있다. 처음에는 보이지 않던 주위 환경이 조금씩 보이기 시작한다. 익숙함은 여유라는 평화로움을 준다. 그리고 운동에서만 느낄 수 있는 행복과 함께 즐거움이 밀려온다.

"사람은 걷는 기술을 배워서 걷지 않는다.
걸음을 시도하고 넘어지면서 배운다."

– 리처드 브랜슨(Richard Branson) –

여섯 번째, 변하고 있는 것을 느낄 것이다.

변한다는 것은 참으로 어렵다. 변화란 인내를 통해야만 가질 수 있는 열매 같은 것이다. 내가 카약을 타면서 느낄 수 있는 것은 어디에나 적용되는 그것으로 생각한다. 지금까지 도전이 아닌 생활이라고 생각했기에 그냥 열심히만 살아온 것 같다. 하지만 지금은 다르다. 하고 싶은 그것을 한다. 마음속에 묻어 두었던 것을 하나씩 꺼내며 산다.

우리 동네에 평생교육원이 있다. 그곳에 나오시는 어르신들은 한글 공부를 하시는 분들이다. 평생 글자에 대한 갈망과 배우고 싶은 욕망으로 늦은 나이에 꿈을 이루고 계신 분들을 보면서 존경스러운 마음이 들었다.

"배우시는 데 힘들지 않으세요?"

묻는 나에게 그분들은 환한 미소와 함께

"너무너무 행복합니다."

미지의 세계를 알아가는 즐거움을 느끼고 계신 것이다.

"이제 아이들과 카톡도 합니다."

평생 가슴에 묻어 있었던 것을 꺼내서 사용한다는 것은 큰 도전 없이는 할 수 없는 부분이다. 나 역시 새벽마다 카약을 타면서 느끼고 있는 부분이다. 건강을 위한 운동이라고는 하지만 목표를 세우지 않으면 운동 역시 무의미할 때가 있다. 기록에 대한 목표, 시합에 대한 목표들을 세우면 운동을 훨씬 즐겁게 할 수 있다.

일곱 번째, 자신감이 생긴다.

자신감이 있다는 것은 행복한 일이다. 모든 일이 익숙하다는 것이기 때문이다. 그러나 처음 만나는 것조차도 자신감이 있다는 것은 다른 일을 통하여 성공했다는 증거가 되기도 한다.

나는 살아오면서 작은 일들이었지만 실패했다는 느낌이 없이 살았던 거 같다. 그 결과 새로운 것을 할 때 두려움은 없다.

내가 카약을 하게 된 동기도 그런 것 같다. 두려웠다면 시작조차 못 했을 것이다. 선수용 카약에 도전하면서 620번 정도 물에 빠졌다는 것은 나 자신과 싸움이었다. 나와의 싸움에서 나는 이겼다. 그리고 나는 또 다른 도전을 하는 중이다. 멈출 줄 모르는 도전은 아마도 카약을 할 수 있다는 자신감이 또 다른 도전을 가능하게 해주었다.

여덟 번째, 잘하고 있다.

어떠한 과정에서 실수는 있겠지만 잘하고 있는 것을 느낄 수 있다. 반복은 몸의 변화를 통하여 잘하고 있다는 자신감으로 인내할 힘을 주고 있다. 모든 것은 과정에서 길을 찾는 것이다.

지금 내가 컴퓨터 앞에 앉아 있는 것이 바로 그것이라고 생각한다. 이러한 과정들을 통하여 지금까지 왔다. 힘들고 어려웠다. 사실 지금도 힘들다. 가보지 않은 길을 간다는 것은 두려움을 동반한 것이라고 할까?

그러함에도 불구하고 인내하고 나아갈 때 잘하고 있다고 생각하며 자신을 위로하고 있는 것을 느낄 것이다.

"참 잘하고 있구나!"

아홉 번째, 성공이라는 속으로 들어가고 있다.

성공의 기준은 각자 다를 것이다. 그렇지만 지금 내가 하는 것에 만족한다면 그것이 성공이라고 생각한다. 카약을 시작하고 열심히 했다. 잘하고 싶은 생각뿐이었다. 3년이 지난 지금 아직도 진행형이지만 다른 사람들이 부러워하는 단계에 와 있다.

한 달에 한 번씩은 방송국 작가로부터 섭외 전화가 온다. 처음에는 방송에 출연하는 것으로 만족했지만 지금은 적은 금액이지만 용돈이 될 정도로 수입이 되고 있다. 그리고 방송에서 나를 보고 카약을 시작했다는 사람들도 늘어나고 있다. 이제는 카약을 알리는 홍보대사가 되어 건강 지킴이의 역할을 하고 있다. 작은 것이지만 하고 싶은 것부터 열심히 하게 되면 그것이 행복을 느끼게 해 줄 것이다. 비록 취미로 시작했지만 자기도 모르는 사이 수입을 가져다주는 직업으로 전환될 수도 있다.

우리는 매 순간 자신의 위치에서 필요한, 한 가지를 이뤄야만 비로소 성공할 수 있다. 그러기에 지름길도 비법도 존재하지 않는다. 오직 오늘 그 일을 하느냐 마느냐로 나눌 뿐이다. 하는 자는 원하는 것을 얻을 것이고 하지 않는 자는 바라보며 부러워만 할 것이다.

열 번째, 행복하다.

어떤 것에 몰입하게 되면 우리 몸에서 도파민이 나와 행복을 느끼게 된다. 그것을 맛본 사람은 중독에 가까운 행동을 하는 것을 볼 수 있다. 운동도, 일도, 사업도, 몰입하면 행복해진다. 몰입은 억지로 하는 것이 아니다. 주어진 과제를 놀이라고 생각하며, 생각하는 것이 몰입이라고 볼 수 있다.

또한, 도전은 타고나는 것이 아니라고 말하고 싶다. 도전을 통해 성공 경험을 갖고 또 다른 도전을 하게 되는 것이다. 성공을 자주 하면 자신감이 생긴다. 또한, 사람의 생각이 바뀌게 된다. 무엇이든지 할 수 있는 긍정적인 사람이 되어 주위를 행복하게 한다.

인생에 가장 중요한 순간은 언제일까? 사람마다 생각하는 시기가 다를 수 있겠지만, 적어도 내 인생에서는 **지금 현재**가 가장 중요하다. 미래는 불확실하고 과거는 지났기 때문이다. 하지만 많은 사람이 현재 보다 미래를 위해 살아가고 있는 것을 볼 수 있다. 모든 것에는 시기와 때가 있다. 씨 뿌릴 때가 있으면 거둘 때가 있듯이 인생도 이와 같다.

할 수 있을 때는 바로 지금이다. 어제도 아니고 내일도 아니고 바로 오늘만이 우리에게 있다는 사실을 깨닫고 가야 한다. 오늘의 결과가 내일이기 때문이다.

지금까지 살아온 날들을 돌이켜 보면 후회되는 일이나 아쉬운 점도 많다. 그렇다고 하여 과거로 돌아갈 수도, 세월을 되돌릴 수도 없다. 이제부터 다르게 살면 된다. 물론 쉽지 않을 것이다. 어쩌면 불가능할지도 모른다. 그래도 괜찮다. 정답이 없는 것이 인생이다.

함께하던 친구들이 하나둘 내 곁을 떠나기 시작했다. 그리고 병원이 친척 집인 양 방문이 잦아지고 있다. 그것들을 보면서 남은 내 인생의 시간을 정리하며 우선순위가 무엇인지 인지하고 선택할 때가 되었다는 것을 느꼈다. 나는 1인 기업을 선택했다. 기업이라면 이익을 발생시켜야 한다. 어떤 이익을 낼 것인가? 먼저 지출을 줄이는 쪽을 선택했다. 사장도 종업원도 바로 나다. 그리고 매일 일기를 쓰기 시작했다. 더 나은 삶을 살기 위해 1%의 어려운 선택을 하기로 했다.

첫 번째 프로젝트는 다이어트였다.

어느 날 64kg이나 되는 나를 발견했다. 지금까지 옆 사람들이 추천했던 다이어트를 따라 해보았지만, 시간이 지나면 금방 요요현상이 찾아와 수고는 헛되게 될 때가 많았다. 이제는 다이어트에 성공한 사람들을 찾기로 했다. 그 방법은 바로 책이었다. 지식과 경험이 기록되어 많은 사람을 기다리고 있는 책은 이제 나의 길잡이가 되었고 내비게이션이 되었다. 이것은 책을 통해 다이어트를 한 후부터 생긴 것이다.

다이어트에 관한 책 중에 하비 다이아몬드가 쓴《나는 질병 없이 살기로 했다》를 읽고 그가 설명하고 있는 식단으로 바꾸고 운동 또한 열심히 했다. 어려운 1%의 선택이었다. 그것은 모두의 바람이겠지만 더 나은 내일을 생각했기 때문이다. 어려웠다. 그러나 분명한 것은 답을 알기에 견딜 수 있었다.

때론 빈혈까지 동반하는 일도 있었다. 식단은 열량을 제한하는 것으로 바꿨다. 그러한 단계를 지나면서 채소와 과일이 주는 행복감을 느끼게 되었다. 채소들은 또 다른 세상으로 안내했다. 매일매일이 선택이었다. 탄수화물이 주는 유혹을 이길 수 있었던 것은 조금씩 줄어드는 몸무게 덕분이었다.

기적이 일어나고 있었다. 77사이즈에서 55로 변신했다. 나는 지금 가장 행복하고 마음껏 나를 자랑하며 살고 있다. 어려운 선택이었다. 1년이 넘는 시간 동안 왜 포기하고 싶지 않았을까? 그러나 더 나은 인생을 추구했기에 모든 것을 이길 수 있었다.

1%의 어려운 선택이란 많은 것을 바랄 필요가 없나. 천 리 길도 한걸음부터라는 속담처럼 오늘 1%씩 꾸준히 한다면 결국은 정상에서 자신을 위해 축배를 들 것이다. 요즈음 쇼핑하는 것이 행복하다. 매장에 있는 언니들의 칭찬이 더욱 나를 행복하게 만든다. "사모님 너무 몸매가 아름답네요." "20년은 젊어 보이세요."라는 이야기는 모두 사실은 아니지만 그래도 듣기 싫지 않다. 1%의 어려운 선택의 결과이다.

두 번째 프로젝트는 스케이트다.

이상화, 김연아 선수의 경기를 보면서 빙상 위에서 나도 달리고 싶다고 생각하며 바라만 봤다. 1% 어려운 선택의 순간이 왔다. 빙상장으로 들어가는 것이다. 머릿속에는 많은 생각이 엉켜 있다. 빙상장 안에는 어린 꼬마들이 즐겁게 스케이트를 타고 있었다. 칠십에 6살 손녀딸과 함께 시작하는 새로운 도전인 스케이트는 나에게 두려움 그 자체였다. 시작은 모두 어렵다. 누구나 알고 있는 이 사실을 다시금 실감하는 순간이었다. 얼음판 위에서 달리는 나를 상상하면서 또다시 어려운 도전을 했다.

1%의 어려운 선택은 더 나은 내일을 약속하고 있다. 걸음마부터 시작했다. 카약을 타며 물에 수없이 빠졌던 순간도, 지금 한 걸음씩 빙상 위를 걷는 것도 모두 어렵다. 그러나 선택하지 않으면 나는 구경만 하며 부러워만 할 것이다. 이제 나는 제법 스케이트를 잘 탄다. 빙상 위를 달릴 수 있다. 젊은 친구들과 어깨를 나란히 하고 있다. 미끄러워 넘어지는 일도 수십 번 있었다. 대가 없는 것은 아무것도 없다. 1%의 어려운 선택은 매일 나를 성장시키고 있다.

　나는 새벽 5시에 일어나서 하루를 시작한다. 처음에는 무척 어려웠다. 그러나 1%씩 어려운 선택을 통해 내가 잘할 수 있는 것들이 늘어나기 시작했다. 모방은 제2의 창조다. 성공한 사람들은 모두가 시간을 낭비하지 않았다. 그들은 이른 새벽부터 명상을 시작으로 하루를 시작한 것을 알 수 있었다. 성공한 사람들처럼 하나님이 부르신 사람들처럼 따라 하기로 했다. 하나님께 기도로 시작한다. 말씀과 함께 하루를 시작한다.

　그리고 태양이 뜨기 전 카약으로 시작한다. 물살을 가르며 노를 저으면서 자연 속으로 빠져든다. 태양이 솟아오르면 내 일상으로 들어간다. 아직도 나를 원하고 있는 곳이 많이 있다.

1% 어려운 선택은 우리가 상상할 수 없는 부분까지도 채워주고 있다. "믿음은 바라는 것들의 실상이다."라고 성경은 말하고 있다. 자신을 믿고 시작해 보자. 하고 싶었던 일 아니면 취미, 무엇이든지 좋다. '시작이 반이다.'라는 속담이 있다.

듣기만 해도 가슴이 뛴다. 지금까지 살아오면서 일도 취미도 노는 것도 설렘이 없는 것은 시작하기가 어렵다는 것을 알게 되었다. 기다림과 설렘은 도전하게 하고 선택하게 한다. 나는 일찍이 나를 설레게 하는 한 분을 만났다. 지금까지도 나는 그분을 생각하면 감사의 눈물이 나온다. 그 이유는 미래를 볼 수 있는 눈과 꿈을 가질 수 있도록 인도하신 분이었기 때문이다. 설레는 마음뿐 아니라 용기도 주시고 살아가는 에너지도 주셨다. 그리고 나에 대한 존재가치를 깨닫게 했다. 오늘만 사는 것이 아닌 우리는 1% 어려운 선택을 할 때 더 나은 내일이 기다리고 있다.

세 번째 프로젝트는 시간 관리다.

시간을 더 소중하게 알차게 쓰기로 시작했다. 5시 알람에서 4

시 30분으로 시간을 변경했다. 내가 할 수 있는 최선이다. 기도로 시작하며 책상 앞에 앉았다. 하루 이틀 사흘 넋 놓는 시간은 지났다. 작은 습관 하나 바꾼다는 것은 무척 어렵다. 많은 연습이 필요하다. 일찍 일어나기 위하여 할 일들이 많다. 우선 저녁 일정을 정리해야 한다. 사람들과의 약속, 가족과의 저녁 식사, 하루 정리, 이 모든 것을 차례로 정리해야 한다. 그런 후 시작한다. 어렵지만 기적은 일어나고 있었다.

이제 알람이 없어도 눈이 떠진다. 자리 정돈을 하고 하루 계획을 세운다. 캄캄하고 조용한 모두가 잠든 시간에 행복의 미소가 내 입가를 맴돈다. 작은 승리감에 나오는 안도의 숨소리는 내 가슴을 설레게 하고 있다. 또한, 하루를 기대하게 하고 있다. 시작하자. 새날을 맞을 준비는 끝났다.

작은 습관을 길들이기까지는 반복 연습이 필요하다. 시작하기도 어렵다. 처음은 모든 것에 익숙하지 않다. 그렇다고 선택하지 않으면 우리는 제자리에 머무르고 만다. 생각해 보자. 자전거를 처음부터 균형을 이루어 나가는 사람은 없다. 기초부터 배워야 한다. 자주 넘어지기도 한다. 그것이 1%의 어려운 선택이다. 내

일을 위해 오늘 우리는 선택과 동시에 모든 것에 적금통장을 만들고 1%씩 넣어야 한다. 오늘만 사는 것이 아니기 때문이다. 적금통장이 만기가 되기까지 열심히 저축한다면 당신은 행복할 것이다.

나는 여러 개의 적금통장이 있다. 하나님에 대한 적금, 자식에 대한 적금, 친구와 이웃에 대한 적금, 건강에 대한 적금, 여러 취미에 대한 적금 등 각각 적금통장을 만들고 있다. 만기가 되어 잘 쓰고 있는 적금도 있다. 그것은 가장 오래 부었던 장기 적금이었다. 바로 자식에 대한 적금이다. 지금은 이자가 복리로 돌아오고 있다. 또한, 새로 시작한 적금도 많이 있다. 조금씩 쌓여가는 적금 과정을 보고 있으면 행복하다. 만기가 되어 돌아왔을 때 행복지수가 얼마나 될까, 하는 궁금증도 함께하며 부자가 된 것 같아 행복하다.

시간은 금이다. 세월이 많이 지난 지금, 그 시간은 돈으로 환산할 수 없다. 이제 살아가야 할 날들이 산 날들보다 적다고 생각하니 남은 시간이 더 소중하다는 생각이 들었다.

지금 보다 주어진 시간을 가치 있게 보내기 위해서는 새로운 도전이 필요했다. 그것은 하루를 사흘처럼 사는 것이다. 내가 건강하게 활동할 수 있는 10년 곱하기 3을 하면 30이란 숫자가 나온다. 지금 우리나라 나이 규정이 변했다. 그래서 나는 앞으로 건강하게 활동할 수 있는 시간을 10에서 30으로 시간을 연장했다. 오로지 나만을 위한 시간이다. 그 후에는 하나님께 감사하며 생활하는 시간이다. 이것이 나이 칠십에 그릴 수 있는 최고의 시간표다.

새로운 나의 시간표는 다음과 같다.

새벽 4시	기상, 새로운 날을 맞을 준비 30분 소요
4시 30분	하나님을 만나는 가장 소중한 한 시간
5시 30분	운동 준비시간과 함께 카약 8km 마라톤 노 젓기
7시	집으로 오는 시간 30분 맨발 걷기
7시 30분	귀가
8시	손녀딸 등교 준비
9시	아침 시간 마무리

일과 중 3분의 1을 마무리했다.

이후 커피 한 잔으로 하루를 시작한다. 그리고 내가 필요한 곳에 재능 기부와 모임에 참가하며 사람들과 교제한다.

나머지 3분의 1은 아이들 하교와 함께 일정 따라 함께 움직인다. 그리고 가족과 함께 저녁 식사 준비와 식사로 하루를 마무리하며 감사 기도로 잠자리에 든다. 새날을 기대하면서, 이것이 내가 사는 모습의 일면이다. 그리고 하루를 사흘처럼 사는 내 모습이다. 누구는 말한다.

"왜 그렇게 힘들게 사느냐"고.

나는 대답한다.

"이것이 내 삶이고 행복이고 아직도 건강하게 살 수 있는 이유이기 때문에 감사하며 생활하고 있다."

시간이란 지나고 보면 모든 것이 아쉬움으로 남는다. 되돌릴 수 없기에 앞으로 찾아오는 값진 시간을 소중하게 대하며 함께 살아가는 것이 삶의 지혜이다. 앞으로 이 귀한 시간을 하루를 사흘처럼 살 수 있음에 감사를 드린다.

모든
시작은
어렵다

내 나이 일흔하나 처음으로 나를 위한 새 컴퓨터를 샀다. 핸드폰으로 겨우 문자만 했기에 자판기 앞에서 글을 쓴다는 것은 상상도 못 했다. 손가락이 움직이지 않았다. 입문 과정인 타자 연습하기로 했다. 이것 또한 나에게는 어려운 도전이다. 자리 연습부터 시작했다. "시작이 반"이라고 했다. 나는 벌써 반을 한 것이다. 나 자신을 위로하며 매일 조금씩 연습했다. 그리고 글쓰기를 시작했다. 시간이 흐를수록 손가락이 움직이기 시작했다. 물론 빠른 속도는 아니지만 급할 필요가 없는 나로서는 충분했다. 그리고 하고 싶은 이야기들을 컴퓨터에 기록하기 시작했다. 이제는 넋 놓는 시간도 소중하다. 책상 앞에 앉아있는 시간이 점점 길어지고 있다.

커피숍에서 자주 보는 환경이지만 컴퓨터로 공부나 일을 하는 젊은 친구들을 종종 볼 수 있다. 때론 부러웠다. 그리고 멋있게도 보였다. 어느 날 컴퓨터 가방을 메고 커피숍을 찾았다. 구석 빈자리에 자리를 잡고 컴퓨터로 글을 쓰기 시작했다. 가끔 쳐다보는 친구들도 있었지만 행복했다. 아! 나도 젊은 친구들처럼 할 수 있구나, 나 자신이 멋있어 보였다. 자주 나와서 이곳에서 글을 써야겠다고 생각하며 혼자 미소를 짓고 있었다.

내가 시작한 것 중에 어렵지 않은 것은 없었다. 카약을 시작하면서 균형을 잡지 못해 620번이나 물에 빠진 경험이 있는 나로서는 새로운 도전에 대한 두려움이 사라졌다. 내가 가보지 않은 미지의 세계로 떠나보려는 열망은 점점 더 강하게 다가오고 있다. 도전은 나에게 행복을 주었다. 또한, 살아 있다는 자존감은 모든 것에 활력이 되었다. 지금 당장 시작하면 3년 후 아니 10년 후 아마도 지금보다 더 멋진 인생을 살고 있을 것을 생각하면 어려움을 견딜 힘이 생긴다.

3년 후 내 모습을 그려본다. 할 줄 모르는 컴퓨터를 앞에 놓고 거북이처럼 가고 있지만 3년 후 내 모습은 어떤 모습일까?

아들은 내가 글을 쓰는 데 가장 도움을 주고 있다. 그래서 모르고 있는 부분들을 질문한다. 연습해도 시간이 지나면 잊어버리는 부분이 있었다. 혼자 보내는 시간이 많아졌다. 벌써 세 번째 질문이다. 아들은 자꾸 묻는 엄마가 짜증스럽다는 말투로 나를 꾸짖고 있다. 섭섭하지만 내 마음을 달래본다.

걸음마부터 배우는 나는 초보다. 이제 시작한 내가 무엇이 창피하단 말인가. 컴퓨터를 처음 만지고 타자도 겨우 치고 있는데, 3년 후의 잘하고 있는 내 모습을 상상해본다. 나는 선택했다. 그리고 도전했다. 지금은 절망의 단계이지만 이제 끈기와 인내만이 나를 성공시킬 것이다. 그리고 나는 설레는 마음으로 말할 것이다. "내가 해냈어!" 이 순간을 기억하며 포기하지 않고 달린 것이다.

열정이란 포기하지 않는 것이라고 한다.

"아들아! 기다려 주렴 나도 네가 훌륭한 사람이 될 것을 알았다. 그리고 기다렸단다, 40년을! 이제는 엄마가 하는 것을 지켜보며 기다려 줄 수 있지 열심히 잘해볼게."

늦게 시작했지만, 엄마의 도선은 멈추지 않고 달린 것이다.

오늘만
사는 것이
아니다

우리가 잘 알고 있는 하루살이가 있다. 하루를 살기 위해 유충 상태로 1~3년을 물속에서 산다고 한다. 그러나 성충이 되면 하루라는 시간밖에 주어지지 않는다. 이유는 성충이 되면서 입이 퇴화하므로 먹지를 못한다고 한다.

우리의 수명은 이제 100세를 바라보는 시간까지 왔다. 나에게도 많은 시간이 남아 있다. 생각해 보니 너무 행복하다. 하고 싶었던 것들을 충분히 할 수 있는 시간적 여유가 생긴 것 같아서 노년의 시간이 감사하다. 이제 주어진 시간을 나에게만 충실하면 되는 것이다. 그동안 뒤돌아볼 시간도 없이 100m 선수처럼 달려온 것 같다. 지금은 뒤도 옆도 바라보며 여유로운 시간을 보내고 있다. 진정한 나만의 삶을 위하여 시간을 소중하게 사용하고 있다. 감사하다. 그리고 70년 동안 걸어왔던 길들은 또 계속 걸어가게 하는 원동력이 되어 한 발짝씩 가고 있다. 오늘만 사는 것이 아니라 내일이라는 찬란한 시간이 기다리고 있기에 시간의 소중함을 매 순간 느끼며 살아가고 있다. 가슴이 설렌다. 내일을 생각하면 매 순간 열심히 살아가고 있는 내 모습에 박수를 보내고 있다. 그리고 꿈을 가져 본다.

독수리에 대하여 여러분은 얼마나 알고 있나? 필자는 독수리가 수명을 연장하는 방법을 알고, 큰 충격과 함께 도전 의식이 생기게 되었다.

독수리는 민첩하고 영민하며 장수하는 동물로 잘 알려져 있다. 매서운 눈매, 날카로운 부리와 발톱, 그리고 몸통의 몇 배나 되는 큰 날개, 사람과 비슷한 수명으로 40년에서 70년의 수명을 가지고 있다.

그런데 왜 수명이 40년에서 70년인가? 이 부분에서 궁금한 생각이 들었다.

　이유는 40년 동안 부리는 조금씩 가슴 쪽으로 구부러지고 있고 길어진 발톱은 안으로 묻혀 무뎌지며, 깃털은 두꺼워져 무거워진다고 한다. 그렇게 40년 정도를 살게 되면 한계점에 다다르게 되고, 독수리는 사냥하거나 멀리 날아갈 수도 없게 되는데, 이때 독수리는 남은 삶에 대한 자신의 운명을 결정하는 시기가 온다고 한다. 이대로의 삶에 순응하며 살다가 죽을 것인가? 아니면 살이 찢기는 고통의 시간을 버텨 내고 새로운 삶을 살 것인가?

　선택의 시간이 왔을 때 후자를 선택한 독수리는 많은 고통을 참아내며 우선 자신의 가슴을 향해 구부려져 있는 부리를 부러뜨리기 위해 절벽 꼭대기에서 급강하며 바위에 부딪히는 행동을 반복한다. 그렇게 부딪힌 부리가 빠진 후 부리가 새로 나면 그 날카로운 부리를 이용하여 무뎌진 발톱을 빼기 시작한다고 한다. 발톱을 뽑은 후에는 무거워진 날개의 깃털마저 뽑아내는 고통을 참아낸 후 새롭게 발톱이 나고 깃털마저 나면 독수리는 원래 용맹스러운 모습을 되찾게 되는데, 이러한 과정의 인고 시간은

150일 정도 지속한다고 한다. 이 기간에 독수리는 높은 곳에 둥지를 틀고 앉아 먹지도 날지도 못하고 때를 기다려 인고의 시간이 지나면 다시 제2의 삶을 살아간다고 한다.

이 이야기가 과학적인 근거가 있는지 아니면 우화인지는 모르겠으나, 독수리와 인간은 비슷한 면이 있다. 생로병사라는 고통을 반드시 겪어야 하는 존재이기에 고통을 이겨내고 다시 영적으로 도약할 것인가, 아니면 좌절하고 포기하며 이대로 살아야 할 것인가를 선택하라 할 때 나는 독수리처럼 살겠다.

나는 이런 독수리의 결단과 인내를 닮고 싶다. 변화는 어렵고 수고스럽다. 그러나 더 나은 인생을 살아가고 싶다면 독수리를 생각하며 살아보자. 우리에게도 제2의 인생을 꿈꿀 기회가 올 것이다.

나는 책 쓰기를 시작하면서 어려움을 겪고 있다. 의자에서 책상까지는 1m도 안 된다. 그러나 그 거리는 100m도 더 되는 느낌이 든다. 몸이 책상 앞으로 다가가지 않는 것이다. 생각만 책상에 앉아서 책을 써야 한다는 무게만이 나를 누르고 있을 뿐 몸을 옮겨 컴퓨터를 열기까지 많은 시간이 소요된다. 이유가 무엇일까, 그것은 부담감 때문일 것이다. 어렵다는 이유. 힘들다는 이유. 여러 가지 생각으로 해야 할 것을 미루고 있다. 나에게는 너무 어려운 도전이다. 그러나 시작했다. 출발점을 지나 결승점을 향하고 있다.

인생을 보람 있게 살기 위해 뿌리를 단단하게 다지는 방법으로 일상의 체계와 리듬, 목적을 분명히 세워야 한다. 어떤 태풍이 와도 흔들리지 않는 뿌리 깊은 나무가 되는 것이다. 어떤 나무로 성장할 것인가는 각자의 몫이 되겠지만 성공하기 위해서는 많은 시간과 노력이 필요하다. 나 또한 견디고 인내하기 위해 적용할 것들을 적어본다.

어려워도 반복하자.

시작은 어렵다. 모든 것이 쉽게 풀리지 않는다. 엉킨 실타래처럼 머리가 복잡하지만, 인내하는 마음을 갖기로 했다. 어렵다고 중단했다가 다시 시작하면 처음에 겪었던 사항을 또다시 해야하는 어려움을 갖게 된다. 매일 조금씩 반복하면 변하고 있는 것을 느낄 것이다. 그리고 쉬워질 것이다. 매일 하다 보면 감각을 유지할 수 있다. 그것이 성장하고 있다는 사실을 깨닫게 해 준다.

나는 확신한다.

매일 하면 부담이 줄어든다.

익숙하다는 것은 우리가 밥을 먹고, 커피를 마시는 것과 같이 생활의 일부로서 움직이게 된다. 나는 새벽 시간에 매일 하루도 빼놓지 않고 하는 일이 있다. 일과를 시작하기 전에 습관적으로 하는 일이다. 건강을 위하여 해가 떠오르기 전에 카약을 타고 8km를 달리는 것이다. 어느덧 3년이라는 시간이 지났다. 이제는 생활이 되었다. 이렇듯 매일매일 하는 것들은 처음에는 어렵지만 익숙하면 즐겁고 행복하다. 그 시간만큼은 하루를 계획하는 시간이다. 혼자만이 즐길 수 있는 명상의 시간이기도 하다.

매일 하면 익숙하고 창의력도 살아난다.

익숙하다는 것은 우리 몸에 습관으로 자리를 잡았다는 것이다.

훌륭한 스포츠 선수들의 시합을 보면서 그들만의 루틴을 볼 수 있다. 공을 차기 전, 서브를 넣기 전, 시합 전의 모습들을 보면서 각자의 정해진 루틴을 통해 시합을 바라보는 시각과 생각을 정리하는 것을 볼 수 있다. 그렇듯 짧은 시간이지만 새로운 아이디어가 떠오를 것이다.

익숙함이란 수많은 시간이 필요하다. 그 시간이 채워져야 비로소 원하는 습관들이 붙는다. 물 항아리에 물이 넘쳐야 가득 차듯이 익숙함이란 시간과 비례한다는 것을 알아야 한다.

습관은 시간을 단축한다.

습관이 붙게 되면 모든 것이 쉬워지므로 해내기가 수월해진다. 그러므로 습관을 들이면, 무엇을 하는 데 시간을 들일 필요가 없다. 익숙하기 때문이다. 이처럼 습관은 시간을 단축한다. 시간만 절약되는 것이 아니다. 노력도 에너지도 절약된다.

인생은 선택의 결과다.

눈을 뜨는 순간, 우리는 '일어날 것인가? 더 잘 것인가'라는 두 가지 선택에 놓인다. 그리고 이후 '무슨 옷을 입을까? 무엇을 먹을까?'라는 행동 모두가 선택이다. "순간의 선택이 10년을 좌우한다!"라는 광고가 있었다. 그만큼 선택에는 결과가 따르게 마련이다. 하나님이 주시는 말씀대로 새벽부터 하루를 시작했다. 그리고 새벽 카약을 하며 인생을 배우고 있다. 도전은 아름답다. 시작점이 각자 다를 뿐 누가 선택한 그 길을 더 오래 갈 것인가가 중요하다.

국어책에 나오는 이솝 이야기 중 '토끼와 거북이'가 있다. 어릴 적에는 그 내용의 깊이를 몰랐다. 선택의 과정은 거북이처럼 꾸준함이다. 1%씩 앞으로 나간다면 결국 바라는 목적지에 도달할 것이다. 스케이트를 타면서 느끼는 것이 있다. 많은 사람이 등록하고 도전한다. 그러나 어렵다. 시작은 늘 그렇듯이, 한 달 후 대부분 사람들의 얼굴이 보이지 않는다. 또 새로운 얼굴들이 나타나지만, 그 역시 같은 결과다. 결국, 거북이 같은 친구만 남아 있다. 조금 늦어도 꾸준히 1%씩 걸어가 보자. 뒤에 남겨진 발자취는 결국, 따라오지도 보이지도 않을 것이다.

나는 71살이다. 내 나이가 자랑스럽다. 뒤돌아보니 힘들고 어려운 시간이 참 많았다. 어느 순간 세상이 멈추었다. 우리는 입을 다물고 마스크를 써야 했다. 코로나의 위력은 모든 것을 정지 상태로 만들었다. 그래서 나는 자전거를 타기 시작했다. 하루

15km씩 매일 탔다. 카약도 배우기 시작했다. 한 곳만 보이던 시야가 여러 곳을 볼 수 있었다. 2년 전 이야기다. 아직도 코로나는 우리 곁에 있다. 그 덕분에 많은 것들을 도전하면서 새로운 인생이 시작되었다. 위기가 기회로 바뀌는 시간이었다.

1%씩 어려운 것을 도전한 결과 요즘 가장 잘 나아가는 시니어로 변했다. 여러 방송국에서 계속 섭외가 들어오고 있다. 어렵다고 생각하는 것들은 쉬워질 때까지 하면 된다. 성경 말씀에 아기를 갖지 못한 여인이 성전에 올라가 매일 자식이 있기를 바라는 마음으로 기도했다. 간절히 기도한 결과 그 여인은 예쁘고 귀한 아들을 하나님께 선물로 받았다.

그렇듯 원하는 것을 받을 때까지 또한 하고 싶은 것을 잘할 때까지 한다면, 반드시 보상이 온다. 각자가 생각하는 성공의 승리의 깃발을 높이 올릴 것이다.

오래전 이야기다. 신문 기자가 양로원을 취재하면서 쓴 글이 생각난다. 그곳에 계신 분들에게 인터뷰하는 대목이었다. 어떻게 여기까지 오셨냐는 질문에 대답은 한결같았다. 어떤 일이든

망할까, 봐 어려워질까, 봐 도전하지 못했다고, 고백하는 장면을 보았다. 후회하지 않으려면 좀 더 가치 있는 선택을 해야 한다. 그리고 1%의 작은 어려운 도전은 우리를 행복하게 할 것이다.

카약으로 도전하는 친구들. 모두가 행복해하고 있다.

시작하는 시기는 모두가 다르다. 그러나 끝에서는 만날 수 있다. 어려운 선택을 통하여 많은 것을 경험했고 배웠고 얻었다. 사람마다 성공의 기준은 다르겠지만, 나는 지금 행복하다.

40년 전 이야기다. 교회 소속으로 되어있는 작은 유치원을 시작했다. 어려운 선택이었다. 기독교 정신으로 시작하여 열정을 다하여 운영했다.

생각보다 수입은 적었지만 내가 선택한 일이기에 봉사하는 마음으로 했다. 지출을 줄여야겠다고 생각하고 아이들 통학버스를 직접 운전해보기로 했다. 그러던 중 대형 사고를 쳤다. 시내버스와 부딪치고 만 것이다. 앞이 캄캄했다. 자동차는 물론 인명피해까지 일어난 상태였다. 잘해보겠다고 시작한 일이었지만 나에게는 역부족이었다. 병원비와 자동차 수리비는 가지고 있던 모든 것을 합해도 부족한 상태였다. 앞이 캄캄했다. 그러나 현실만을 생각하며 울고만 있을 수는 없었다.

다시 시작했다. 나만 바라보고 있는 아이들이 있었다. 여자는 약하지만, 엄마는 강하다는 말이 생각났다. 나는 두 아이의 엄마다. 울 수도 없는 환경 속에서 어려운 일들을 선택하면서 지금까지 달려왔다. 어렵다고 생각하며 선택한 1% 일들은 나와 아이들을 성장시켰다. 오랜 인내와 기도 속에 하나님의 은혜로 아들딸 모두 멋있게 성장하여 현재는 사회의 일원으로 행복하게 생활하고 있다.

그렇듯 선택은 결과를 동반하고 있다. 그러나 선택에는 수고와 모험이 따르게 된다. 그것은 새로운 세상을 발견할 기회가 된다. 글쓰기를 선택하고 나서는 적지 않은 스트레스를 받고 있다. 내가 가보지 않은 세상을 바라보면서 처음 가는 길은 무척이나 어렵고 힘들다는 것을 느끼고 있다.

　출판사와 계약한 날짜가 가까우면서 더욱 커지는 스트레스는 나를 몰입할 수 있는 환경으로 끌고 가고 있다. 스트레스를 내 편으로 만드는 작업을 해나가는 것이다. 처음 가는 길이지만 나는 내 길을 만들어야 한다. 사람마다 걸어가는 길은 다르다 나는 내 길 앞에서 몰입해야 하는 선택만이 남아 있다. 그리고 그 이유를 지금에서야 알아가고 있다. 아마도 무언가 계획 없이 살았나 보다.

　늦었다고 할 때가 가장 빠른 시간인 것을 도전하지 않았다면 모르고 살았을 것이다. 감사하다. 결단할 수 있는 용기를 가질 수 있어서 지금까지도 열심히 살았지만 남은 두 달을 다시 한 번 결단할 때다.

시간표를 정리하며 우선순위를 정하기로 했다. **가장 급한 것이 무엇인가?** 그것은 계약된 시간 안에 완성 원고를 보내는 것이다. 정해진 시간에 쓰기로 한 글을 보내야 한다.

지난번 문화체육관광부장관이 주관하는 국가 고시 필기시험 때도 많은 시간이 있었지만 겨우 한 달을 앞두고 시험에 대해 몰입했다. 지금 시간의 촉박함을 앞두고 서두르며 다시 한 번 몰입을 시작하려는 내 모습이 조금은 싫지만, 다시금 주변 정리를 하고 있다.

생활 계획표상 첫 번째인 지금까지 하던 운동을 잠시 멈추기로 했다.

새벽 운동은 준비하고 나가는 시간과 마무리하는 시간을 합치면 3시간 정도가 필요했기 때문이다. 또한, 내가 제일 좋아하는 사우나와 수영, 그리고 일주일에 두 번 즐겼던 스케이트 또한 중단했다. 그것 또한 3시간 정도 걸리는 시간이었다. 지금까지 했던 나를 위한 루틴을 바꾸기로 했다.

새벽 운동, 오전 사우나, 오후 집안일 등을 멈추고 내가 누구인지 앞으로 무엇을 계속 할 것인지 생각해보기로 했다. 100세 시대에 후회 없는 삶이 어떤 것인지를 생각하는 시간을 갖기로 했다. 달릴 때는 그냥 스치고 지나버렸던 아름다운 풍경들이 멈추면 선명해지는 것처럼 나는 지금까지 인생의 길을 달리기만 했던 것 같다. 스치고 지나간 지난 일들을 생각하며 이제 잠깐 멈추고 싶다. 그리고 중요한 결정을 내려야 할 시간이라는 생각이 들었다.

두 번째, 사람을 만나며 보내는 시간을 정리하기로 했다.

오늘이 마지막이라면 무엇을 하며 시간을 보낼 것인지, 누가 가장 보고 싶은지, 남은 시간을 누구와 함께하고 싶은지, 생각해 보았다. 또한, 귀중한 시간을 가장 값지게 보내는 방법이 무엇인지 정리하기로 했다.

그것이 내가 내려야 할 결정이 아닌가 싶다. 나는 또 다른 루틴을 만들기 위해 노력하고 있다.

내가 해야만 하는 것들로 만들어진 습관을 새롭게 계획할 것이다. 100세 시대를 행복하게 살아가기로 노력할 것이다. 또한, 갖추어야 할 종목들을 도전할 것이다.

나를 사랑한다면 버려야 할 세 가지 미혹이 있다.

첫째, 너무 늦은 것은 아닌가??

둘째, 내가 해낼 수 있을까?

셋째, 그래 저 사람 말이 맞을지도 몰라?

앞으로 도전하기 위해서는 이 세 가지의 미혹에 넘어가지 말아야 한다.

나는 70이 된 나이에 하고 싶은 것을 도전하고 있다.

나를 사랑하고 칭찬하면서 새로운 도전을 위해 위의 세 가지를 버리기로 했다.

그리고 다시 썼다.

첫째, 너무 늦은 것은 아닌가?

　　→ 아니! 지금이 가장 이른 시간이야!

둘째, 내가 해낼 수 있을까?

　　→ 나는 잘할 수 있어!

셋째, 그래 저 사람 말이 맞을지도 몰라?

　　→ 나는 성공한 사람을 따라가야지!

그리고 지금까지 왔다. 그리고 도전을 통해 삶의 성공을 맛보고 있다. 도전하고자 하는 것들은 각자 다르다. 그렇지만 그 도전들이 겪어야 하는 부분들은 절대 다르지 않다고 생각한다. 그러나 어떠한 도전에 성공한다면 새로운 도전은 늦어지는 것을 알수 있다. 경험을 통하여 우리의 몸이 반응하기 때문이다.

행복하고
감사하다

여행은 언제나 즐겁다. 코로나로 닫혔던 세계 여행이 재개되면서 카약 동우회 회원들과 필리핀에 있는 작은 섬 팔라완에서 바다를 탐방했다. 바다는 너무 아름답고 예뻤다. 육지를 다니며 박물관이나 고적지를 보는 것도 좋았지만 자연을 만끽했던 바다속 여행은 더 좋았다. 돌아온 나에게 딸이 던진 첫 번째 질문에 망설임 없이 나온 대답이다.

"엄마 이번 여행은 어땠어요."

"너~~~무 좋았어!"

"동남아 여행은 다시는 안 간다고 하시더니."

"그랬기는 하지만 이번 여행은 지난번과 좀 달라."

내 얼굴에는 나만이 느낄 수 있는 행복감이 밀려왔다. 이번에는 지난 어떤 여행 하고도 비교할 수 없는 행복한 경험이었다.

그럼 행복한 이유가 무엇일까? 생각해 봤다. 그것은 3년 동안 어려웠던 도전을 하며 카약을 익혔던 것들이 이번 여행에 빛을 발했기 때문이었다. 바다는 내 고향 같다는 생각이 들었다. 파도가 친구처럼 느껴졌다. 일주일 동안 우리는 바다 여행만 했다. 하늘, 산, 바다, 바다 속을 다니면서 물고기들과 친구가 되어 이 세상 아니 용왕이 산다는 바다 나라에 다녀왔다. 아름다운 산호와 각양각색의 예쁜 옷을 입고 마음껏 뽐내는 물고기들, 아름답게 춤을 추고 있는 바다풀들, 너무 사랑스럽고 아름다웠다. 또한, 바다 속에서 나에게만 나타나서 지느러미를 흔들며 인사를 하고 사라지는 큰 거북이의 모습은 바다 나라의 용왕이라도 만난 느낌이다.

파도를 친구삼아 카약과 함께하는 6박 7일의 일정은 어느 여행보다 즐거웠고 행복했다. 함께 했던 젊은 친구들 그리고 멋있는 곳으로 안내하며 맛있는 음식으로 우리를 행복하게 했던 선주들, 사는 방법은 다르지만 각자 있는 자리에서 책임을 다하고 있는 사람들을 만나면서 먼 나라 이국땅에서 하나님의 은혜와 섭리를 볼 수 있어 감사했다.

나는 모든 것이 감사하고 행복하다. 나를 찾아 주는 사람이 있고 갈 곳이 있기에, 그리고 카톡으로 안부와 좋은 글을 보내주는 친구가 있어, 행복하다.

여행이 즐거웠던 것은 따로 있다. 카약을 도전하며 힘들었던 시기가 끝났기 때문이다. 처음이 있으면 끝이 있다. 이것은 진리이다. 쉬우면서도 어렵다. 그 속에는 많은 것이 담겨 있기 때문이다.

엘리도 앞바다에서 멋 내고 서 있는 왕누님

인생에서 가장 큰 위험은
도전하지 않는 사람의 삶이나.

- 스티븐 코비

제2장

어려운 것을 선택해야
인생이 쉬워진다

쉬운 것을
선택하면
발전이 없다

   지금은 내가 어린 손녀에게 모든 것을 가르치고 있지만 머지않아 그 자리는 뺏길 것이다. 나는 첫째 손녀를 통하여 그것을 경험했다. 그 이유의 답을 찾아보았더니 필요성과 그것에 대한 즐거움이 없어서 열심히 하지 않았던 것이다.

   쉬운 것은 배우지 않아도 잘 할 수 있다. 예를 들어 우리가 생활하고 있는 것들을 말할 수 있다. 아이가 태어나면 그 아이는 보이는 대로 따라 한다. 그 또한 아이는 배우는 것이다. 따라 하는 것이 배우고 발전하는 것이다. 그리고 조금씩 성장한다. 하고 싶은 것을 만나면 흉내를 내기도 한다.

손녀를 보면서 너무 신기하다는 생각이 들 때가 많다. 만 5세인 손녀 은결이는 이제 말도 행동도 공부도 그림도 그 나이에 할 수 있는 것들을 너무 잘하고 있다. 아이의 모습을 보면서 배운다는 것이 얼마나 중요하며 생활을 즐겁게 하고 있는지를 알 수 있다.

나는 손녀들을 돌보면서 함께 시작한 것들이 있다. 그중 외국어인 영어를 함께 배웠다. 기초부터 시작한 영어가 나는 아직 제자리에 머물러있지만 손녀딸은 영어를 모국어처럼 하고 있다. 지금은 아주 완벽할 정도여서 격차가 멀리 보이지 않을 정도로 벌어졌다. 이제 맨발로 달려가려 해도 갈 수 없다. 그리고 9년 뒤에 태어난 은경이를 대하면서 다시 느끼고 있다.

무언가를 선택할 때는 꼭 해야 할 이유가 있어야 한다.

어린아이들은 모든 것을 흡수하며 필요한 것을 나날이 발전시키고 있다. 자라나는 아이들처럼 우리도 시간을 잘 관리하며 내

일을 맞을 준비를 해야 할 것 같다.

아이들은 스승을 계속 바꿔가며 성장하는 것을 볼 수 있다. 우리도 부족한 것을 채울 수 있는 전문가를 찾아, 행복을 위하여 아이들처럼 달려가 보자. 두 다리가 튼튼하면 멀리 걸을 수 있는 것처럼 근육을 단련해야 한다.

어려운 것을
선택할수록
성공한다

　왜 어려운 것을 선택할 때 성공할 확률이 높아질까? 이것은 내 경험에서 나온 것이다. 인생을 살다 보니 쉽다는 것은 사람들의 관심에서 벗어나 있다는 사실을 알게 되었다. 꾸준함을 가져야 할 필요를 느끼지 못하고 할 수 있다는 것에 머무르고 있다는 것을 발견하게 되었다.

　성공이란 어떤 것을 말하는 것일까?
　사전적 의미는 목적한 바를 이루는 것이다. 우리가 생각하는 큰 의미에서 성공이란 돈을 많이 버는 사람, 사업에 성공한 사람, 자식을 잘 키운 사람들을 흔히 성공했다고 한다. 큰 의미에서는 그렇게 바라볼 수 있지만, 우리는 살아가면서 크고 작은 성공을 하며 살아가고 있다.

생활 속에서도 성공이란 단어를 많이 사용한다. 하지만 필자는 우리가 건강하게 살아 있는 것 자체가 성공한 삶이라고 말하고 싶다. 우리는 건강하고 행복하기 위해 각자 열심히 생활하고 있다.

2022년 12월 2일 바다를 좋아하는 카약커들과 함께 해외여행을 갔다. 코로나로 인해 3년 만에 떠나는 여행이다. 그중 나이가 가장 많은 연장자이지만 열정은 누구에게도 뒤지지 않을 정도로 카약을 좋아하고 즐기고 있다. 비행기를 타고 하늘을 나는 순간부터 나는 카약을 정말 잘 배웠다는 생각이 들었다. 젊은 친구들과 함께할 수 있다는 것이 그리고 자식이 아닌 클럽 회원들과 국내도 아닌 해외여행을 계획하고 함께할 수 있다는 것은 나로서는 성공한 인생이라고 말한다. 일정은 맞춤 여행이라 우리가 좋아하는 카약을 타고 예쁜 섬들을 돌아보는 일정이었다.

맑은 바다와 출렁이는 파도는 멀리서 온 우리를 맞이하며 잘 왔다고 손짓하고 있었다. 카약은 개인 카약처럼 좋은 것은 아니었지만 2인 1조가 되어 즐겁게 지냈다. 할 수 있다는 생각에 혼자 행복한 미소를 지으며 수없이 물에 빠지며 연습했던 지난 시간이 떠올랐다.

이번 여행은 바다 위를 넘어 바다 속까지 찾아간 여행이었다. 아름다운 산호가 사는 바닷속을 보면서 그 신비한 세계는 우리가 상상할 수 없는 자연의 아름다움이 있었다.

참 아름다워라 주님의 세계는
저 아침 해와 저녁놀 밤하늘 빛 난별
망망한 바다와 늘 푸른 봉우리
다 주 하나님 영광을 잘 드러내도다

찬양이 내 입가에 맴돌고 있었다. 모든 것이 감사할 뿐이었다. 내 눈앞에 보이는 아름다운 것들을 볼 수 있고 함께 하는 사람들이 있다는 것이 행복했다.

팔라완 엘리도 바다 위에서 파도를 즐기고 있다.

함께 카약을 즐기는 동우회 젊은 친구들은 K1 마지막 단계인 스프린트 선수용 카약을 타는 것이 로망이다. 나는 선배로서 많은 어려운 과정을 겪고 지금은 그들이 로망하고 있는 K1을 탄다.

그렇다면 "왜" 쉽게 탈 수 있는 카약이 있는데도 어려운 것을 선택할까? 이런 생각을 할 것이다. 그러나 모든 사람은 정상에 가기 위해 도전한다.

정상에서 느끼는 감정은 가보지 않은 사람은 모를 것이다. 그들은 정상을 향해 목숨까지도 아랑곳하지 않고 도전한다. 그리고 성공한다. 성공 후 많은 사람의 응원과 박수를 받는다. 올림픽 선수들도 정상을 위해 힘들고 어려운 과정들을 감내하며 견딘다.

각자 느끼는 정상의 기준은 다르다. 또한, 정상에서 만난 사람들은 이야기가 다르다. 각자 최선을 다하여 수고하고 인내하며 견디었기에 그들은 많은 사람에게 감동을 주고 동기부여가 되고 있다.

어렵다고 생각하는 것은 많은 사람이 선택하지 않는다. 힘들어서 그럴 것이다. 하지만 힘들어서, 어려운 도전은 하고자 하는 열정이 더 살아난다. 쉬운 것을 하는 것은 도전이 아니다. 시시하다. 평범하고 누구나 할 수 있는 부분이다.

생활의 한 부분이지만 선수용 K1을 타는 사람은 극소수에 불과하기에 또한 그것을 탈 수 있게 되었을 때 해냈다는 자존감과 자기만족감으로 살아가는 이유를 분명하게 가질 수 있다. 그러한 이유로 나는 어려운 도전을 하며 살아 있는 이유에 답을 하고 있다.

자신감,
자부심을
가질 수 있다

어떤 일을 꾸준히 해나가다 보면 가속도가 붙기 시작한다. 열정도 생기기 시작한다. 그리고 새로운 꿈을 꾸게 된다. 소중한 체험을 통하여 목표를 정하고 계획을 세우고 그 계획을 꾸준히 실천해 나가면 목표가 달성된다. 새로운 꿈을 이루는 방법도 다르지 않다. 꿈을 정하고 그 꿈을 달성하기 위한 계획을 세운 다음, 실천하면 되는 것이다. 정말 간단하지 않은가? 그러니 이제는 움츠리지 말자. 머물지 말자. 전사가 되자. 인생 최대의 적과 정면승부를 시작하는 순간 우리는 승자다.

내가 제일 힘든 것이 있다면 지금 책상 앞에 앉아서 글을 쓰는 것이다. 남의 책도 바쁘다는 핑계로 가까이하지 않았던 나로서는 평생 하지 않았던 글쓰기가 너무 어렵다. 때론 컴퓨터 앞에서 넣 놓는 시간이 아깝다는 시간이 들 정도로 허수아비가 되어 꼭 이것을 해야 하는가라고 생각할 때가 많다. 그러나 나는 도전이라는 목표를 세우고 빠져나갈 수 없도록 그물을 쳐 놨다. 나 스스로 도망갈까봐 자식들과 지인들한테 광고를 다 한 상태다. 그런 이유로 지금 칠십 대인 내가 칠 줄 모르는 컴퓨터 자판기를 두드리고 있는 기적이 일어나고 있다.

성장하기 위해서는 꼭 알아야 하는 과정들이 있다. 이것은 필수 과목이다. 도전, 좌절, 용기, 끈기, 인내, 성취, 자존감, 단계마다 나타나는 과정들을 통과할 때 비로소 정상에서 맛볼 수 있는 것을 누릴 수 있다. 그것을 통하여 자존감은 커질 것이고 인생에 있어 또 다른 도전은 쉬워질 것이다.

나는 수없이 물에 빠지면서 탔던 카약 덕분에 성공이 무엇인가를 배웠고, 도전은 어렵다는 것도 알게 되었다. 그리고 좌절을 통하여 용기도 배웠다. 성취 후에 밀려오는 설렘은 세상을 다 가진 것 같은 기분이었다.

　마지막 도전일줄 알았던 것은 또 다른 도전으로 이어지면서 성장이 끈처럼 지속적으로 끈으로 이어지는 느낌이 든다. 그래서 계속 도전하기 위해 연습하고 있다. 지금 시작하고 있는 글쓰기는 도전의 단계를 벗어나 좌절 속에서 헤매고 있지만, 내가 어디쯤 가고 있는 것을 알고 있으니 길은 훨씬 쉽다는 생각이 든다. 다음 도전과 내 인생을 위해 인내하며 끈기 있게 견디는 것이다.

　이제는 정면승부를 벌일 때다. 행동할 때다. 그리고 인내할 때다. 나는 수영을 잘하고 싶을 때가 있었다. 수영에 관한 책을 사서 보기도 했다. 자전거를 잘 타고 싶을 때도 있었다. 수영을 잘하기 위해 무엇을 해야 하는지, 자전거를 배우기 위해 무엇을 해야 하는지 너무나 잘 안다. 그것은 바로 정면으로 부딪치는 것이다. 코에 물이 들어가도 물로 뛰어들어야 수영을 할 수 있고, 넘어지는 것쯤은 각오해야 자전거를 탈 수 있다. 그런 후 두려움은 설렘으로 바뀔 것이다. 물살을 가르며 수영할 때, 바람을 가르며 자전거를 탈 때, 성취했다는 자존감은 자신을 스스로 행복하게 하고 있다.

이제 결단을 내렸으면 실천할 때다. 처음 하는 것은 누구나 두렵다. 그러나 두려움은 항상 설렘과 함께 온다. 두려움을 이기고 감행했을 때 엄청난 성취감으로 행복을 느낄 것이다. 처음부터 잘할 수는 없다. 처음부터 잘하는 것 따위는 이 세상에 없다. 잘하는 것이 중요한 것이 아니다. 일단 하는 것이 중요하다. 잘하는 사람을 부러워하는가? 그들의 처음을 알고 있는가? 그들의 처음은 더 초라했을지도 모른다. 그렇지만 그들은 그 초라한 처음을 온몸으로 받아들이고 꾸준히 해 온 것이다. 잘하는 것보다 시작하는 것이 중요하다. 성공과 행복은 인내와 끈기로 꾸준히 해나가는 자의 몫이다.

스케이트를 처음 신었을 때 일이다. 칠십을 바라보는 할머니가 스케이트를 타겠다고 빙상장 안으로 들어왔을 때 모습은 어땠을까?

어린아이처럼 겨우 벽을 잡고 서서 걸을 정도였다. 옆에 있는 젊은 친구들은 씽씽 달리고 있었고 어린 꼬마들조차 미끄러지듯 얼음 위를 달리고 있었다. 그 속에 내가 서 있었다. 강사의 지시대로 첫날은 벽 잡고 한 바퀴 걸었던 기억이 난다. 그조차도 신기했다.

빙상 위에서 걸었다는 것이 놀라웠다, 그리고 조금씩 벽을 놓고 밀면서 앞으로 나갈 수 있었다. 시간이 흘렀다. 조금씩 앞으로 가는 것이 쉬워지기는 했지만, 마음은 먼저 시작한 친구들이 부러웠다. 도전 단계를 지나 좌절 단계에서는 포기하고 싶다는 생각이 많이 들었지만, 그러한 생각을 차단하기 위하여 나는 스케이트를 새로 샀다. 새로운 장비에 대한 호기심으로 간신히 그 단계를 벗어난 후 용기가 생기기 시작했다. 두려움이 사라지기 시작했고 기술 2, 3 단계를 하면서 조금씩 빙상 위에 있는 것이 즐거워지기 시작했다. 어린 손녀들과 시작하여 함께 할 수 있다는 것이 너무너무 행복하다.

즐겁고
행복한 길은
어려움에 있다

누구나 행복할 수 있다. 즐겁고 행복한 것과 행복한 것은 다른 것이다. 즐겁다는 것은 무엇인가를 하고 있다는 것이고, 행복하다는 것은 느낌을 말하는 것이다. 그럼 즐겁고 행복해지기 위해서는 방법은 간단하다. 실천하면 된다. 그러나 도전한다는 것은 어렵다. 어렵다는 문제에는 답이 있다. 작은 것이든 큰 것이든 모두가 공식 있고 답이 있다. 나는 이러한 공식들을 알기까지 오랜 시간이 걸렸다. 그러나 공식을 깨달은 후부터는 쉬운 것부터 해결하면서 살아왔다. 예를 들자면 마음속에 일어나는 불평부터 해결하는 것이다. 간단하다. 어떤 일을 만나든지 감사하는 것이다.

"내가 없어도 지구는 돌아간다."라는 이야기처럼 내가 아니어도 모든 것은 돌아가고 있다는 것을 깨닫는다면 지금까지 나 아니면 안 된다는 생각이 잘못되었다는 것을 알게 될 것이다.

한번 실천해 보자. 마음이 평온할 것이다. 짜증이 사라질 것이다. 자신의 시계를 느리게 만들고 감사하자. 행복을 느낄 것이다. 모든 것에서 벗어난다면, 세상은 다시 보일 것이다. 평온하고 아름답게 느낄 것이다. 이 또한 어렵지만, 지나갈 것이라고 마음을 다스리는 것이 가장 중요하다.

성경에는 "성내기를 더디 하는 사람은 용사보다 낫고, 자기 마음을 다스릴 줄 아는 사람은 성을 점령한 장수보다 낫다."라고 말씀하고 있다. 마음이 급해지면 모든 것에 짜증과 불평이 생기기 때문이다.

"예슬아, 벌써 시간이 지나고 있어, 빨리빨리 움직이자, 지각한다."

"알았어요, 서두르지 마세요."

나는 아이들과 함께 생활하고 있다. 손녀들을 보살피고 돌보는 일을 하면서 정해진 시간에 움직이는 일들이 많아졌다. 아이들은 급하지 않은데 나 혼자 급해서 감정들을 폭파할 때가 참 많았다. 마음에 여유가 없었다. 생각해 보니 '세상이 변하는 것도 아닌데'라는 마음이 들자, 시간의 여유를 갖게 되었다. 그 후부터는 재촉으로 마음 상하는 일을 하지 않고 있다.

감정을 다스린다는 것은 행복하고 즐거운 일이다. 어떤 상항을 만나도 피해갈 줄 아는 지혜가 필요하다.

시간은 여유 있게 하고 행동은 빠르게 움직이자, 행복할 것이다.

남과
다른 인생을
살 수 있다

남과 다르다는 것은 과연 무엇을 말하고 있는 것일까? 평범하지 않다는 것을 이야기하는 것이다. 그럼 평범하지 않으려면 어떻게 해야 할까? 한번 생각해야 하지 않을까? 얼마 전 우리 동네에서 가장 큰 북카페에 다녀왔다. 전에도 자주 가는 곳이었지만 그날 나는 생각이 많아졌다. 1, 2층으로 꽉 차 있는 책들을 보면서 우리나라 책 읽기 수준이 궁금했다. 1인당 연평균 9.5권으로 나타났는데 내 나이 또래가 궁금하여 찾아보니 65세 여자가 독서율이 가장 낮았다.

나는 북카페에 있는 수천 권의 책들을 보면서 작가들의 모습이 그려지기 시작했다. 한 권의 책을 쓰기 위해 얼마나 많은 수고와 땀을 흘렸을까? 모든 지식을 쏟아 넣기 위해 수고한 작가들이 보이기 시작했다. 전에는 전혀 생각하지 못했던 그들의 수고가 왜 보이는 것일까? 나는 그들의 수고에 감사함을 느낀다.

이번 책쓰기를 통해서 나에게는 다른 세상을 볼 기회가 주어졌다. 매일 매일을 바쁘게 살아가는 일상에서, 무언가 변화하고 싶고 새로운 것을 알고 싶다면, 당장 책을 펴들어야 할 것 같다. 1%의 어려운 도전은 아마도 남과 다른 인생을 살아가는 것이다. 나는 남과 다른 인생을 살기 위해 지금 새롭게 시작하는 책 읽기와 글쓰기는 나의 또 다른 도전이 되어 삶에 활력이 되고 있다. 또한, 책을 읽을 때마다 작가의 의도를 알고 실천할 수 있다는 것이 너무 행복하다. 이제 책은 나의 스승이 되었다. 모르는 분야가 있으면 서점이나 도서관으로 달려간다. 많은 스승이 한곳에 모여 있는 그곳에서 나는 그들을 만난다. 얼굴은 대면하지 않지만, 그들을 만날 수 있는 것을 감사한다. 책만이 주는 장점이다.

도전은 절대 쉽지 않다. 칠십이 넘은 나이에 책을 통하여 지금까지 보지 못했던 세상을 바라보면서 100세를 바라보는 시대에 내가 있다는 것이 감사할 뿐이다. 앞으로 살아갈 시간이 많이 남아 있기에 지금까지 생활에 밀려서 못한 것들을 할 수 있기에 감사하다.

또한, 재능 기부를 할 수 있는 시간이 주어졌다는 것이 나에게는 행복한 시간으로 남아 있다. 남은 시간을 더욱 가치 있게 하려고 시작한 것이 있다.

국민체육진흥공단에서 1년에 한 번 실시하는 국가고시에 도전하기로 했다.

"생활스포츠지도자" 자격시험은 나에게는 카약을 타는 것보다 어려운 또 하나의 도전이었다. 운동이 육체적인 훈련이라면 이것은 두뇌와 싸움이었다. 어렵다는 것은 감지했지만 젊은 친구들과 어울리려면 그들이 할 수 있는 것들을 통과할 때 가능하고, 함께 할 수 있다는 것을 알고 있기에 시작한 도전은 한순간이지만 절망과 좌절이 내 앞을 기다리고 있었다. 목표는 확실했지만, 그 과정은 어려웠다. 시험을 포기하고 싶은 마음은 컸지만 먼저 내가 나를 믿지 못해서 지인들에게 선포하고 포기할 수 없는 상황을 만들었다.

그리고 책상 앞에 앉아서 씨름하며 보냈다. 모의고사를 볼 때마다, 좌절할 수밖에 없는 실력을 확인했다. 앞이 캄캄했다. 시험 한 달을 앞두고 하루 10시간 동안 책과 씨름했다.

보름을 앞두고는 대한카누연맹에서 진행하는 회장배 대회가 있었다. 그곳에도 참석하여 동우회 일반부에서 3, 40대들과 겨루어 은메달을 목에 걸었다.

그때 함께했던 대한카누연맹 동우회 위원장이자 인천 시청선수 감독이며, 인천 체육연맹 상무님은 카약으로 내 인생을 바꿔준 분으로 나에게 한 말이 있다.

"왕누님 이번 시험에 합격하면 왕누님은 사법고시에 합격하는 것이나 똑같습니다."라고 나에게 힘을 주었다. 나는 그때 결심했다. 사법고시라고 생각하고 하자. 아마도 내 평생에 이렇게 열심히 해본 기억이 없을 것 같다.

고사장은 온통 젊은 2, 30대들뿐이었다. 나이 든 사람은 보이지 않았다. 그 속에 70대 할머니가 앉아있었다. 가슴은 뛰고 있었고 손은 떨고 있었다. 고사장은 긴장감으로 꽉 차 있었다. 젊은 친구들도 긴장하고 있었다. 시작 종소리와 함께 시험지 넘기는 소리만이 들렸다. 문제를 두 번 볼 시간적 여유가 없었다.

　사회, 윤리, 교육, 체육, 심리, 다섯 과목으로 각각 20문제에 100분이 허락되었다.

　참으로 감회가 깊었다. 그때의 100분은 내 인생에서 아마 다시 오지 않을 것이다. 결과와 상관없이 내 자신이 대견했다. 고사장을 빠져나오면서 나는 생각 했다. 도전했다는 것에 감사했다.

　공부를 시작하며 찾아왔던 어깨통증도 믿기지 않을 정도로 시험이 끝나는 날 말끔히 사라졌다. 신기했다.

　많은 사람이 수고했다는 인사와 함께 시험 결과를 물었다. 시험이 끝나자, 답안지가 돌아다녔다. 함께 공부했던 젊은 친구들은 모두 합격을 맛보았지만, 나는 자신이 없었다. 발표 날짜만을 기다렸다.

　5월 19일, 발표 날이 되어 딸에게 확인을 부탁하고 기다렸다. 10시 인줄 알았던 발표는 오후 4시가 돼서야 발표가 나왔다.

　"엄마 합격했어."

믿기지 않았다.

"정말?" 여러 차례 다시 물었다.

합격증을 확인한 후에야 믿을 수 있었다.

나는 뛸 듯이 기뻤다. 이 나이에 합격했다는 것이 너무너무 행복했다.

"아! 하면 되는구나!"

머리가 녹슨 줄만 알았는데, 지금까지 불안했던 마음이 순식간에 사라졌다.

나는 합격증을 카약을 좋아하는 카톡방에 올렸다. 많은 사람이 축하의 메시지를 올려주었다. 감사했다. 이제 카약에 입문하는 사람들에게 재능 기부를 마음껏 할 수 있을 것 같다. 늦은 나이에 할 수 있는 날들이 많아지고 있다. 이것은 젊어지고 있다는 증거다. 젊은 친구들과 어울릴 수 있는 길은 그들과 어깨를 함께할 수 있는 능력을 만드는 것이다.

지금까지 살아오면서 부러운 것들이 있다면 이제는 당신도 찾아서 도전해 보자. 살아 있다는 것에 감사함이 느껴질 것이다.

할 수 있는 것부터 도전하자.
그리고 할 수 있는 도전을 늘려가자.

- 이은진

제3장

인생을 제대로 즐기는
다섯 가지 방법

첫 번째,
1% 어려움을
선택하라

　새해가 되면 누구나 새로운 계획을 세우며 일 년을 다짐한다. 나 또한 그중 한 사람으로서 연중 계획서를 기도회에 모인 회원들 앞에서 발표했다. 꼭 지킬 것을 다짐하면서 여러분들도 지켜봐 달라는 호소문이었다. 그리고 일주일씩 함께 점검하기로 했다. 일주일 전만 해도 새해부터는 어떻게 살아갈까, 하면서 많은 계획을 세웠다. 그러나 새해를 맞으면서 하나로 정리했다. 나는 누구일까? 태어난 목적은, 앞으로 해야 할 일들은 그리고 내가 살아가고 있는 이 시대 등 많은 것을 생각했다.

생각한 결과, 첫 번째는 많은 것들을 버리기로 했다. 하고 싶었던 것들, 세웠던 계획들을 말이다. 그리고 오직 하나님과 동행하는 삶을 살아보기로 했다. 예레미야 29장 13절 "너희가 온 마음으로 나를 구하면 나를 찾을 것이요, 나를 만나리라." 2023년 목표는 찾고 만나는 것이다. 거기에 필요한 모든 것은 다 동원하고 희생할 것이다. 먼저 하나님을 찾을 것이다.

새로운 도전으로 하나님을 만날 수 있는 길은 성경 속에 있다고 생각했다. 그리고 목표를 정했다. 성경 통독을 하면서 다시 한 번 내 인생을 점검하며 나갈 것이다. 내가 이렇게 기록하는 것도 나 혼자 하기 어려워서 하는 것이다. 많은 눈이 바라보며 응원하고 있다는 것을 느낀다면 쉽게 포기하지 못할 것을, 나 자신이 잘 알고 있다.

각자의 자리에서 성공한 사람들을 주변에서 볼 수 있다. 우리는 뒤에 숨어 있는 그들의 수고보다 영광을 보며 부러워한다. 일만 시간의 법칙이 모든 것에 존재한다는 것을 알아야 한다.

나는 어려운 것을 도전할 때마다 내 입으로 먼저 내 계획을 주위 사람들에게 말한다. 이유는 나 자신을 나도 믿기 어렵기 때문이다. 나 혼자 계획하고 실천하면 작심삼일이라는 속담처럼 계획은 거창한데 실천하지 못하는 것이 있다.

오래전 이야기다. 나는 일 년에 한 번 일주일 감사 금식을 하며 기도할 때가 있었다. 젊은 나이에 금식한다는 것은 무척 어려운 일이었다. 죽으면 죽으리라, 하는 심정으로 금식할 때 수백 번을 포기하고 싶었지만, 나는 끝까지 인내하며 견디어 냈다. 실천하는 모습을 보여 주고 싶은 마음이 크지 않았나 싶다.

어린 자식과 함께 일하는 사람들에게 그 후에도 몇 차례 금식을 통해 나를 시험하는 일이 있었지만 지키고 실천한다는 것은 무척 어려웠다. 그렇듯 어려운 도전은 성공하기는 어렵지만, 한 번 도전에 성공하면 새로운 도전은 쉽다는 것을 알 수 있다. 그것은 답을 알고 있기 때문이다. 우리가 처음 가는 길은 멀다고 생각한다. 그렇지만 두 번째 세 번째는 멀다는 생각이 없을 것이다.

나는 카약을 하면서 많은 삶의 지식을 배웠다. 모두가 어렵고 안 된다고 하는 칠십이 넘은 나이에도 끝까지 포기하지 않았던 것은 내 몸에 익혀있는 작은 습관들인 도전 근성이 있다고 볼 수 있다. 어렵고 힘들 때면 내 입속에 맴도는 말이 있다.

"이 또한 지나가리라." 아마도 세상 부귀를 다 가지고 있었던 솔로몬도 순간순간 힘든 일이 많았나 보다. 반지 속에까지 써놓고 확인했던 것을 보면, 나 또한 위로가 된다.

두 번째,
직관을 믿고
결단하라

직관이란 생각하는 과정을 거치지 않고 대상을 바로 파악하는 것, 보자마자 알 수 있는 것이라고 한다. 우리가 살아가면서 자연스레 느낄 수 있는 부분들이다. 나는 느낌이 오면 직관을 믿고 선택한다.

어떤 일을 할 수 있는지 없는지는 본인이 잘 안다. 어떤 것을 아는 것인지 모르는 것인지도 이미 본인이 잘 알고 있다. 그러나 대부분은 남의 직관에 의존하여 행동하는 사람들도 종종 볼 수 있다.

우리는 잠자리에서 일어나자마자 늘 선택의 갈림길에 있다. 움직임 하나하나가 선택인 동시에 직관 속에서 행동하고 있다. 오랜 생활 속 습관으로 느끼지 못하고 행동할 뿐이지 순간마다 선택과 함께 직관을 활용하고 있다.

올바른 직관을 갖고 생각하고 선택한다면 이보다 더 좋은 인생 가이드는 없을 것이다. 내 인생은 내가 선택한다. 또한, 누구도 나를 대신하여 살아주지 않는다는 것이다. 그러기 위해서는 좋고 올바른 직관을 선택해야 한다. 그것은 감사와 긍정적인 생각을 하고 있을 때만 나올 수 있다.

세 번째,
모든 것을
긍정하라

삶에서 긍정만큼 큰 힘을 가진 것은 없다. 긍정하지 않으면 진행의 속도는 멈추고 만다. 그리고 지금의 나를 벗어나게 할 수 있는 것도 긍정뿐이다. 긍정만이 새로운 나를 만들 수 있다.

재능이란 정신력에 있다. 보통의 재능보다 강인한 정신력이 성공에 유리하다. 지금 삶을 점검해보며 할 수 있다는 생각으로 새로운 출발을 시작하는 것이다. 그리고 자신을 사랑하는 것이다. 이제 부정적인 생각이나 하지 못하게 하는 핑계와 원망은 자신을 파괴한다는 것을 알아야 한다. 무심코 나온 부정적인 한마디가 지금까지 쌓아온 모든 것을 무너뜨릴 수 있다는 것을 명심하고 나쁜 생각과 부정적인 생각은 갖지 않도록 습관적인 노력이 필요하다.

인생의 주인공이 되고 싶다면 그 주인공의 역할이 작지 않다는 것쯤은 잘 알고 있을 것이다. 그리고 주인공의 역할에 따라 흥망이 결정되는 것을 볼 수 있다. '살 것인가 아니면 죽을 것인가'에 관한 선택은 사치에 가깝다. 어떻게 살아야 좀 더 가치 있는 삶을 살 것인가를 선택할 뿐이다. 포기하지 않을 때 자신의 재능을 마음껏 누리며 살 수 있다.

성공, 행복이 멀어 보일 수 있지만 모든 것은 기본에 충실하면 된다. 우리가 모두 최상이 될 수는 없다. 각자의 수준에서 만족한다면 바로 그것이 성공이다.

나는 매일 새벽 카약을 탄다. 카약을 타며 하루를 시작한다.
그 순간만큼은 나만의 천국이다. 8km를 카약을 탈 때는 모두가 잠든 시간이다. 물도, 나무도, 꽃과 식물들도 자는 시간이다.

그리고 떠오르는 태양과 함께 일어나는 그것을 본다. 잠에서 깨어나는 자연을 보기 위해 동이 트기 전 먼저 하루를 시작한다. 그리고 일어나는 그들과 인사를 나눈다.

물살을 가르며 지나가는 나를 반기며 잠에서 일어나는 그들은 태양을 바라보며 춤을 추고 있다. 꽃들이 고개를 들어 인사를 한다. 물오리는 가족과 함께 새벽 수영을 하며 하루를 시작하고 있다. 얼마나 아름다운가, 모든 것이 나를 위한 세상인 것 같다.

내가 어떤 마음으로 보는가에 따라 세상은 다르게 보인다. 아름다운 안경을 쓰자. 그리고 주위를 보자. 나를 중심으로 세상은 돌아갈 것이다.

긍정하지 않으면 아무것도 움직일 수가 없다.
그 또한 주도적인 삶을 살기 위한 노력이다. 익숙했던 첫 번째 인생과 과감히 이별하고 꿈꾸고 바랐던 인생에 도전한다면 정말 멋진 제2의 인생을 살 수 있다. 할 수 있다는 긍정의 힘을 믿고 따라가 보자. 우리가 상상하지 못 하는 세상으로 안내하며 이끌어 갈 것이다.

두 번째 인생은 멀리 있지 않다. 몇 발짝만 옮기면 닿을 수 있는 거리에 있을지도 모른다. 하지만 눈을 가리고 있는 자는 볼 수 없고, 발을 옮기지 않는 자 또한 그 땅을 밟을 수 없다.

눈을 뜨자. 발을 옮겨 보자. 찬란한 인생이 그곳에서 기다리고 있다. 우리가 원하는 세상에서 제2의 인생을 살아 보자.

나는 지금 제2의 인생을 살고 있다. 칠십이 되어서야 살아보는 인생이다. 많은 대가를 치렀다. 그러나 그것이 어렵다고는 생각했지만 힘들다고는 생각해 본 적이 없다. 물론 지나쳐야 할 과정들은 있다. 제2의 인생을 산다는 것 또한 어려운 도전이다. 변화 없는 인생도 괜찮다. 그러나 가슴 뛰는 인생은 아니다. 설레는 것 또한 아닐 것이다. 평범을 벗어난 멋있는 인생을 산다는 것은 행복한 것이다.

살아보니 나이는 숫자에 불과하다는 것을 실감하며 살고 있다. 시간이 소중하다는 것과 살아 있어 생각할 수 있고 하고 싶었던 것을 도전할 수 있다는 긍정의 열정이 있어 나는 행복하다.

네 번째,
늘 삶에
감사하라

가장 어려울 때의 일이다. 지인들로부터 전화를 받는다. "요즘 힘들지?"라고 물으며 나를 위로하는 말이다. 정답을 말하지 않는다. 모든 상황을 알고 물어보는 그에게 반대로 대답했다.

"지금 정말 감사하고, 행복하다."

〈성경〉에는 이런 말씀이 있다. "항상 기뻐하라, 쉬지 말고 기도하라, 범사에 감사하라." 감사하는 자에게 주어지는 축복은 헤

아릴 수 없다. 일어나는 순간부터 감사로 하루를 시작한다.

'떠오르는 태양을 볼 수 있어 감사합니다.'
'두 다리로 움직일 수 있어 감사합니다.'
'만나서 감사합니다.'
'일용할 양식을 주심에 감사합니다.'

하루 일을 감사로 시작하여 감사로 끝을 맺는다. 세상이 온통 장밋빛이 되는 것을 느낀다. 감사는 감사를 낳고 있다. 감사는 우리를 춤추게 한다.

감사는 최고의 자아를 갖게 하는 통로가 된다. 나는 9남매의 막내로 태어났다. 시대를 잘 만났기에 세상의 빛을 보게 되었다. 어린 나이에 살아남기 위해 감당해야 할 일들도 많았다. 모든 것을 혼자 결정해야 했다. 아버지는 일찍 돌아가셨고 어머니는 연세가 많았다. 가정환경은 감사할 것이 없었다. 하지만 감사를 통하여 최고의 사람으로 성장했다. 이것은 어릴 적부터 성경을 통하여 배웠다. 지금은 감사가 축복의 통로가 되었다는 것을 분명하게 말할 수 있다.

감사도 능력이다. 능력이란 무한한 반복을 통하여 이루어진다. 수학에도 공식이 있듯이 세상에도 보이지 않는 공식이 존재한다. 답을 알기 위해서는 먼저 공식부터 찾아야 한다.

첫 번째 공식은 감사하는 마음이다.

"범사에 감사하라."라는 성경 말씀처럼 감사하면 인생이 달라진다. 어느 한 사람을 알고 있다.

그는 항상 웃으면서 "감사합니다!"라는 말을 입에 달고 살고 있었다. 옆에서 볼 때 무엇이 저리 감사할까? 의문이 들 정도였다.

그는 항상 긍정적인 언어를 사용했다. 미운 사람도 없어 보였다. 세월이 많이 지난 지금 그를 바라보니 무척이나 행복하고 멋있는 사람이 되어있었다. 그 사람 앞에 있던 장애물도 감사 앞에는 모두 사라지고 있다는 것을 볼 수 있었다.

두 번째 공식 역시 감사다.

어려운 일이 닥칠 때 당황하지 말자. 모든 문제에는 답이 있다.

주어진 일을 감당할 힘이 필요할 뿐이다. 그 힘은 감사로 문제를 바라보는 것이다. 그리고 긍정하는 것이다. 어렵다. 이것도 작은 습관에서 훈련되어야 한다.

나에게는 여섯 살 배기 손녀딸이 있다. 숫자를 가르칠 때 처음부터 문자를 가르치지 않았다. 이미지 훈련을 하며 점차 앞으로 나갔다. 우리가 만나는 문제도 어린아이처럼 풀어나가면 된다. 아이들은 단순하다. 나는 30년 가까이 아이들을 가르치는 분야에서 일했다. 모든 것에는 공식이 있다. 배울 때도 일할 때도 행복하게 살아가는 것조차 공식이 있다. 처음에는 모든 것이 어렵고 힘들다.

카약을 시작했을 때 나는 어려운 1%에 도전했다. 체험 후 첫날부터 K1에 도전하면서 나는 620번 물에 빠졌다. 온몸에 든 시퍼런 멍들을 보면서 훈장이라고 생각했다. 보상은 하루하루 원하는 목적지에 가까이 가는 것이었다. 감사하는 마음과 할 수 있다는 긍정의 힘이 없었다면 아마도 구경꾼으로 남아 박수만 보내고 있을 것이다. 나는 지금 박수를 받고 있다. 많은 사람으로부터 그리고 TV 프로에서 나를 부르고 있다. 지금은 카약 홍보대

사로 활동하며 많은 사람에게 카약이 어린아이부터 시니어에 이르기까지 누구나 할 수 있는 운동으로서, 삶의 가치를 윤택하게 만드는 것임을 홍보하고 있다.

세 번째 공식 또한 감사다.

감사는 배신하지 않는다. 산에 올라가서 한 번쯤은 소리를 외쳐 본 적이 있는가? 다시 돌아오는 답이 무엇이었나, "콩 심은 데 콩 나고 팥 심은 데 팥이 난다."라는 것을 우리는 모르지 않는다. 만나는 사람마다 감사의 씨를 뿌려 보자. 어떤 환경을 만나도 신께 감사해 보자. 열매를 맺을 것이다.

집을 나오는 순간 첫 번째로 만나는 사람이 있다. 아파트 청소하는 분이다. 처음에는 미안한 마음이 들어 피해 다녔다. 불편했다. 어느 날부터 먼저 감사의 인사를 했다. 그 후 그분은 나를 보면 늘 미소로 인사를 한다. 나 역시 그분의 수고를 감사로 표현한다. 잠깐 나누는 대화지만 하루를 기분 좋게 시작할 수 있다.

예전에 탁구를 배우면서 깨달은 것이 있다. 준 대로 돌아온다. 그래서 핑퐁 게임이라고도 한다. 초보를 상대하는 프로들은 어떠한 공이 가도 치기 좋게 보내준다. 상대를 배려하는 모습이다. 초보들은 공을 제대로 넘기기가 어렵다. 내가 초보일 때 상대하여 준 친구가 있었다. 늘 미안했다. 그는 진정한 고수였다. 내 마음에 감사의 싹이 나도록 심어주고 있었다. 덕분에 그 어려운 시기를 잘 넘기고 탁구의 매력에 빠질 수 있었다. 요즘 카약을 체험하고자 하는 사람들에게 그때 받았던 감사를 돌려주며, 안내의 길잡이로 교육하고 있다. 그 결과 내 세상에서 나는 가장 행복한 사람이 되어있다.

카약을 배우고자 모인 체험자들 안전 교육 중

다섯 번째,
항상 신뢰하고
행동하라

신뢰란 굳게 믿고 의지한다는 것이다. 그것은 믿음이 있다는 것도 된다. 믿음은 우리를 행동하게 하고 성장하게 한다. 성장하기 위해서는 꿈을 갖고 도전해야 한다. 그렇다면 무엇을 도전해야 할까? 가치 있는 것을 도전할 때 포기하지 않을 것이다. 가치기준이란 사람마다 다르다. 나는 내 나이에 맞는 것을 택했다. 칠십에 세상을 바라보는 기준은 무엇이며 또한 무엇을 추구해야하는지 알고 있다. 그것은 바로 건강한 생활이다.

성경에서 하나님이 부르신 사람들을 찾아보았다. 아브라함은 75세에 부르셨다. 모세는 80 세 되는 해에 그의 백성을 이집트에서 출애굽 할 것을 지시하셨다. 늦은 나이지만 하나님께 쓰임을 받는 사람들을 볼 수 있다.

또한, 아직도 건강한 모습으로 우리 곁에서 글을 쓰시며 강연하고 계신 100세가 넘으신 김형석 교수님을 가까이에서 뵐 수 있다. 인생 100년을 넘게 살아오면서 후배들한테 '이것이 인생이다.'라는 강연하실 때 아마도 그분을 존경하지 않는 분은 없을 것이다. 그분의 식사 습관이나, 생활 습관 등 100세 시대를 바라보는 우리는 기억해야 할 것이다. 김형석 교수님은 나이가 숫자에 불과하다는 것을 증명하고 있다.

그렇듯 자기 자리에서 열정을 다하여 생활한다면 시니어들도 멋있는 인생을 살아갈 것이다. 나는 내 나이가 좋다. 비록 얼굴에 주름도 있고 몸은 젊은 친구들처럼 민첩하지는 않지만, 하고 싶은 것들을 도전하며 하루하루를 보내고 있는 것이 좋다. 또한, 지난 추억이 있고, 삶의 근육이 있기에 어떠한 일들을 만나도 답이 보인다. 때론 솔로몬이 반지에 새겨 마음이 복잡할 때마다 읽었던 "이 또한 지나가리라"는 구절은 참으로 위로가 되는 말이다.

우리는 자신을 신뢰해야 한다. 자신을 믿지 못한다면 행복할 수 없다.

구경꾼이 될 뿐이다. "나는 할 수 있다"라는 자신감은 모든 것을 도전하게 만든다. 또한, 실천 습관을 갖는 것도 가장 중요한 나의 도전이다.

나도 이제는 새벽 루틴이 정해졌다. 새벽 기상과 함께 하루 중요한 일들은 새벽 시간과 아침 시간에 이루어진다. 또한, 새벽에 만나는 사람들이 있다. 하루도 빠지지 않고 걷는 사람들, 자전거를 타는 사람들, 그리고 가장 인상 깊은 사람은 매일 똑같은 시간 마라톤을 하는 여자 분이다.

내가 새벽 카약을 시작한 것이 3년째인데 언제부터인가 내가 카약을 타고 있는 시간이면 항상 수변에서 뛰고 있는 모습이 하루도 빠지지 않고 보인다. 서로 대화는 없었지만, 그도 나를 보면서 생각했을 것이다.

서로 다른 분야이지만 하루 시작을 알리는 새벽 운동하면서 무엇을 계획하고 실천하는지 궁금하다. 조만간에 만나야겠다고 생각했다. 새벽에 함께하는 젊은 친구가 마라톤하는 그 사람을 보고 하는 말이 "아마도 저분은 회사 CEO가 아닐까요. 저런 의지이면 무엇을 해도 성공하지 않을까요?" 나도 그런 생각을 했다. 아마도 그렇지 않을까, 궁금했다.

　하루 24시간은 모든 사람에게 부여된 것이다. 이 시간을 얼마나 값지게 사용하는 가는 각자의 생활 속에 달려 있다. 어느 것이 더 중요하다고는 말할 수 없다. 각자의 생활이 다르고 생각하는 것이 다르기 때문이다. 그러나 매일 변함없이 꾸준하게 하는 사람들을 보고 있노라면 존경스럽다는 생각이 든다. 그러한 생각 때문에 도전을 멈추지 못하는 이유이다. 때론 그러한 것들이 어렵고 힘들지만 무언가 할 때 살아 있는 자기를 발견하기 때문이다.

　그래서 나는 일곱 가지 실천 습관에 따라 행동한다.

첫 번째, 선택한다.

선택하면 다른 일들의 유혹에서 벗어날 수 있다. 오직 선택한 것만을 생각하고 집중하기 때문이다.

두 번째, 도전한다.

선택했다면 다음은 도전이다. 바로 시작해야 한다. 생각이 길어지면 행동하기가 어려워진다. 나는 선택했다면 행동으로 보여주어야 한다고 생각한다. 누구에게? 바로 자신에게 보여 줘야 한다. 도전을 포기하지 않기 위해 행동은 필수이다. 포기하지 않는 것이 열정이 있다는 것이다. 우리는 시작했다면 포기하지 않는 열정으로 배우며 인내해야 한다.

세 번째, 배운다.

배움에는 끝이 없다. 배울 때 성장할 수 있기에 삶이 다할 때까지 배운다는 것은 아름답고 가치 있는 삶이라고 말하고 싶다. 배움은 스승을 동반하기에 어렵지 않다. 어릴 때는 왜 배워야 하는지를 모르고 의무를 따를 뿐이지만 인생을 알고 도전하며 배우는 것은 행복한 일이다. 알아간다는 것, 인생은 아는 것만큼 행복하다는 것을 알 수 있다.

그래서 우리는 도전을 두려워할 필요가 없다. 우리가 가는 길에는 스승이 있고 전문가가 있다.

도전했다면 전문가한테 배워야 한다. 그것은 어떠한 일이든지 순서가 있다. 독학은 많은 시간이 필요하고 전문성이 없다. 예를 든다면 독서에 관한 이야기다. 나는 한 달에 한 권 책을 읽기도 힘들었다. 그런 관계로 내 옆에는 책 대신 항상 핸드폰이 있었다. 책 읽어 주는 유튜브를 통해 듣는 것이 내가 할 수 있는 최선이었다.

현대인들이 스마트 폰에 중독된 것을 지금 내가 반복하는 것이 아닌지 반성하면서 책을 편다. 삶이 100세까지 지속되는데 스마트 폰만 보다가 삶을 마감하기는 인생이 너무 길지만, 짧다.

더욱 풍부하고 행복한 삶을 꿈꾼다면 지금부터 스마트 폰은 배움에 유익한 것만 보고, 독서에 중독되는 훈련을 하는 것이 좋다.

독서에 관한 책을 읽고 독서하는 사람들과 만나서 모임을 하거나 북 카페를 자주 가는 것이 정신이 젊어지는데 유용하다. 스마트폰은 배움에 도움이 되지만, 책은 우리가 잠시 멈춰서 삶의 중요한 순간들을 배우게 한다.

내가 추천하고 싶은 독서법에 관한 책은 인나미 야쓰시의 《1만 권 독서법》이다. 인생은 책을 얼마나 읽었느냐에 따라 달라진다는 내용의 책이다. 이 책은 내가 책을 꼭 다 끝까지 읽어야 한다는 강박관념을 없애고 책에서 중요한 메시지 하나만이라도 실천하면 그것이 진정한 독서임을 깨닫게 해주었다.

"뜻이 있는 곳에 길이 있다." 그렇다. 하고자 하면 무엇이든지 할 수 있는 시대가 되었다. 전문가를 찾는 것 또한 쉬워졌다. 함께하는 모임들도 다양해졌다. 선택만 한다면 무엇이든지 할 수 있는 시대에 우리가 있다는 것에 감사한다. 주위를 돌아봐도 내 나이 또래는 보이지 않는다. 비록 머리는 희어졌지만, 뇌에도 근육이 필요하기에 오늘도 나는 모든 것에 합당한 운동을 하고 있다. 그러하듯 모든 것에는 전문가가 있다. 전문가를 따라가면 쉽게 배우면서 갈 수 있다.

네 번째, 시간과 함께 뛴다.

나는 인생에서 도전이 중요하다는 것을 카약을 타면서 알게 되었다.

너무 어렵고 힘든 과정을 겪으면서 시간과 함께 뛰는 것밖에 나에게는 다른 방법이 없었다. 매일 매일 물에 빠지면서 생각하는 것은 실력은 시간과 비례한다는 것을 알고 있었기에 그 힘들었던 시간을 인내하며 견딜 수 있었다. 세월이 약이라는 말이 있다. 모든 과정은 지나가는 것이다. 시간은 함께하는 동반자라고 말하고 싶다. 모든 것을 응원하는 가장 좋은 친구 그와 함께 열심히 하고 싶은 것을 하며 뛰어보자. 눈부신 멋진 미래를 향해서 달려보자.

다섯 번째, 절망을 극복한다.

도전 후에 절망은 꼭 찾아와서 속삭인다. '힘들다.' '어렵다.'라고 말이다. 그러나 먼저 그 길을 지나간 사람들이 있기에 뒤에 가는 사람은 쉽다. 따라가면 되기 때문이다. 물은 100도에서 끓기 시작한다. 100도까지 높이기 위해서는 용기를 갖고 큰 소리로 외쳐 보자. "나는 할 수 있다!"라고. 다시 일어날 힘이 생길 것이다. 나는 이럴 때 우리가 잘 알고 있는 조선 중기의 문인 양사언의 시조를 을러본다.

태산이 높다 하되 하늘 아래 뫼이로다.

오르고 또 오르면 못 오를 리 없건만

사람은 제가 아니 오르고

뫼만 높다 하는구나.

이 시조를 되까리며 암송하는 그것이 내가 절망을 극복하는 방법이다. 오르는 사람이 될 것인가, 아니면 뫼만 높다고 탓하는 사람이 될 것인가. 선택은 각자의 몫이지만 우리 모두 한 걸음씩 올라가는 사람이 되자. 정상에서 바라보는 아름다움을 상상하며 달리는 사람이 되자.

여섯 번째, 이유를 찾아라.

우리는 무엇을 하든지 이유를 찾지 못한다면 끝까지 갈 수 없다. 목적지 없는 여행은 방황하다가 돌아온다. 분명한 목적과 이유가 있어야 지름길을 찾을 수 있다.

계절 따라 운동의 종목이 바뀌고 있다. 내가 매일 하는 카약도 겨울에는 물이 얼어서 배를 띄울 수 없다. 그래서 또 다른 것을 선택한 것이 도서관 투어 책 읽기였다. 지금까지는 아이들에게만 읽게 했던 책을 직접 읽기 시작하면서 다른 관심사가 생겨났다. 균형이다. 몸의 건강을 위해 운동을 했다면 이제는 두뇌 발달을 위해 도전하기로 한 것이다. 기억에서 멀어지는 것들을 놓치지 않으려는 멋진 할머니의 도전이다. 목표는 천 권의 책을 통해 천 명의 스승을 만드는 일이다. 젊은 날에 이러한 생각과 결단을 했다면 하는 아쉬움은 있지만, 지금이라서 더 행복한 만남이 될 것이다.

나는 기록한다. 작가의 이름, 제목, 책이 주고 싶은 작가의 주장과 견해가 무엇인지, 그리고, 가장 중요한 작가의 의도를 찾아 나에게 적용하는 것이다.

고인이 된 전 대우그룹 회장님을 생각나게 하는 말이 있다.
"세상은 넓고 할 일은 많다."

할 일 많은 세상에서 100세 시대를 사는 모든 사람에게 힘과 용기를 갖고 함께 살아가기를 바라는 마음이다.

일곱 번째 감사하라.

무엇을 감사 할 것인가? 모든 것이 다 감사할 뿐이다. 지금 책상 앞에 앉아있는 것조차도 감사할 뿐이다. 나는 하루하루가 늘 설렌다. 그리고 새날을 허락하신 하나님께 늘 감사를 드린다. 사람이 아는 그것만큼 생각하듯이 나 또한 그렇다. 오늘 계획된 나의 삶은 또 어떻게 전개될 것인지가 늘 새롭게 기대하며 하루를 시작한다.

내가 다니는 송도 카페 '꼼마'는 도서관보다도 더 많은 책이 비치되어 있어 자주 그곳에 간다. 여러 분야의 작가들을 만날 수 있는 장소이다. 나는 사장님께 늘 고마운 마음이 든다. 쉼터 같은 카페에서 쉽게 책을 만날 수 있다는 것에 감사한다.

며칠 동안 몸살감기로 모든 활동을 멈추고 집에서 근신하기로 했다.

오랜만에 일상을 멈추고 육신의 고통을 친구삼아 집에 있노라니 바쁘던 지난 일상이 얼마나 소중한지 새삼 느끼게 되었다. 감사는 우리가 누리는 것을 잠깐 멈추어 보면 더 느끼게 된다. 고통이나 통증도 마찬가지다. 몸의 경고를 보내는 신호이다. 고통은 미래에 대한 확신을 주는 것이고, 통증은 몸이 힘들다는 경고이다. 빨강 신호가 나오면 가던 길을 멈추고 초록 신호를 기다리라는 신호이다.

우리의 일상도 이와 같다. 잠깐 멈추면 보지 못했던 것과 느끼지 못했던 것들 그리고 불평했던 것들에 대하여 다시 보이고 지금의 일들이 감사하다고 생각하게 된다. 그리고 감사할 때 행복이 밀려온다.

다른 사람들이 할 수 있고, 하려는 일을 하지 말고,
다른 사람들이 할 수 없거나, 하려고 하지 않는 도전을 하라.

– 아멜리아 에어하트 (비행사, 작가, 하늘의 퍼스트 레이디)

제4장

1% 어려움이
당신을 성공하게 만든다

쉬운 길은
당신을
망하게 한다

길이란 여러 가지가 있다. 성경에도 여러 종류의 길에 대한 말씀이 있다.

"멸망으로 인도하는 문은 크고 그 길이 넓어 그리로 들어가는 자가 많고 생명으로 인도하는 문은 좁고 길이 협착하여 찾는 자가 적음이라".

인생을 살다 보면 많은 길을 만난다. 좁은 길을 선택하면 여러 가지 감당해야 일들이 따라온다. 그렇지만 그 길은 우리의 삶을 윤택하게 할 것이다. 예를 들어 여행을 한다고 하자. 고속도로 위를 달릴 때를 생각해 보자. 속도에 밀려 주위를 볼 시간이 없다. 그러나 지방 도로로 가면 많은 것을 볼 수 있다. 주위에 펼쳐지는 사람 사는 모습까지도 구경하며 여유를 느낄 것이다. 이것이 진정한 여행이 아닐까? 생각한다.

우리가 사는 동안 많은 일 중에 선택이란 문제에 늘 직면한다. 과연 쉬운 것을 선택했을 때 어떤 일들이 일어날까? 변화도 발전도 없다. 똑같은 생활 속에서 하루하루 의미 없는 생활을 할 것이다. 반복의 연속 속에서는 삶에 보람을 느끼지 못한다. 그래서 우리는 어려운 그것을 선택하고 도전할 때 행복을 느낄 수 있다.

지금까지 살면서 도전했다가 포기한 것이 나에게 단 한 가지 있다. 그것은 바로 외국어 공부다. 내 나라말이 아닌 세계 공통어인 영어이다. 해외여행을 할 때는 돌아오면 어김없이 시작한다. 그러나 얼마 가지 못하여 바쁘다는 핑계로 뒷전으로 가다 슬그머니 사라진다. 작심삼일이라는 말처럼 필요를 느낄 때만 하는 습관이 있다. 매일 사용하지 않다 보니 감각도 없어진다. 나이

핑계로 나를 위로하고 있다. 그리고 먼저 결정을 내린다. 안 해도 된다는, 모든 것을 안 해도 된다. 살아가는 데 불편하지 않다. 다만 무능한 인생을 살 뿐이다.

이런 말이 있다. "수학을 포기하면 대학을 포기하는 것이고 영어를 포기하면 인생을 포기하는 것"이라고. 아직 남은 인생을 멋있게 보내고 싶어 이 말을 가슴에 깊이 새겨본다.

어느 95세 할아버지의 고백이 생각난다. 60세에 정년퇴직 후 6개월은 정말 즐겁게 생활했다. 그런 후 생활이 지루해지기 시작했다. 이렇게 오래 살 줄 알았으면 그때 외국어 공부를 열심히 했을 것이라고…. 왜 그 말이 자꾸 내 머리를 떠나지 않는다. 다시 시작한다면 잘할 수 있을까? 중간에 지치지 않을까? 많은 것을 도전하면서도 못하는 이유는 내가 의지가 부족하다는 결론을 내렸다. 아마도 언어만큼은 평생 지고 갈 숙제가 아닌가 싶은 생각을 하며 다시 한 번 도전해야 할 큰 짐으로 남아 있다.

삶이 힘든 이유는
쉬운 것만
선택했기 때문이다

IMF 사태는 경제적 고난을 상징하는 대명사로 자리 잡았다. 나 또한 그 여파로 많은 어려움이 찾아왔다. 많은 가정이 경제가 파탄이 나면서 첫 번째로 아이들 사교육을 중단하는 가정이 늘어났다. 학원을 운영하던 나는 감당하기 어려웠다. 하고 있던 것들을 정리하기 시작했다. 여파는 꽤 컸다.

많은 사람이 길거리로 쏟아져 나왔고, 노숙자들도 많아지면서 개인 파산자들이 산더미처럼 쌓여갔다. 힘들 때 지인이 나를 찾아왔다. 구세주와 같은 느낌이 들었다. 사업 설명을 하면서 함께 하자는 제안을 받았다. 그때는 다른 선택을 할 수 없었기에 승낙하고 시작했다. 사람이 어려워지면 여러 가지 생각을 하기가 어려운 것 같다.

나는 그때부터 IMF 4년이라는 기간을 다른 세상에서 생활했다. 꿈꿨던 세상은 오지 않고 힘들기 시작했고 점점 더 어려워지며 모든 것이 엉망이 되었다. 곰곰이 생각해보니, 내가 선택한 그것은 쉽게 할 수 있다는 함정에 빠진 것이다. 지난 시간이 아까웠다. 정신을 차린 후 모든 것을 정리하고 근신하기로 했다. 그리고 다시 시작하면서 다짐했다. 쉬운 것을 선택하지 말자. "쓴 약이 몸에 좋다"라는 말과 또한 "젊어 고생은 사서도 한다."라는 속담처럼 유익한 것은 쓰고 고생스러울 때 점점 좋은 것을 바라볼 수 있다.

다시 한 번 마음 깊이 새겨본다. 그리고 시간이 많이 지난 지금도 쉽다는 것이 좋은 것만은 아니라는 것을 몸으로 느끼며 생활하고 있다.

세월은 흘러갈 것이다. 그리고 뒤를 돌아보며 후회할 것이다. 쉬운 쪽만 선택하며 살았던 것을 그리고 도전하지 않고 살았던 것들을. 후회 없는 삶을 살기 위해서는 미래에서 과거를 바라보는 것도 우리의 삶을 긴장시키는 한 방법이다.

이제 배를 묶은 밧줄을 풀고 안전한 부두를 떠나 파도가 넘실대는 바다로 떠나보자. 탐험하고 꿈꾸고 발견하며 내일을 위해 당당하게 나가는 것이다. 매일 아침 눈을 떠서 오늘만을 위한 행동해야 할 이유가 우리에겐 분명히 있다. 또한, 자신에게 가장 중요한 일을 성공시키기 위해 최선을 다한다면 보상은 따라온다. 그리고 그보다 더 귀한 선물을 받게 된다. 후회하지 않는 삶이다.

인생을 낭비하지 않는다면 후회하는 일은 없을 것이다. 나는 일찍이 가장으로서 아이들을 양육하며 한평생을 살았다. 옆을 돌아볼 시간도 없었다. 지금도 같다. 젊어서는 아이들을 위해 살았다면 이제 나를 돌아볼 때가 되어서 하고 싶은 것들로 나를 위한 시간을 만들며 살아가고 있다. 후회는 없었다. 인생의 구간마다 최선이라는 선택과 그런 자세로 살아왔다. 때론 잘못된 선택으로 어려움이 있어 좌절한 적도 여러 번 있지만, 그 또한 인생의 한 구간이라고 생각하며 살았다.

지금은 하나님과의 대화를 통하여 매일매일 새롭게 태어난다. 그분의 마음이 무엇인가를 알기 위해 늘 독대를 청해 말씀을 듣기를 원한다. 전에는 경청만 했지만, 이제는 말씀을 마음에 새기려고 암기를 시작했다. 올해의 결단으로 시작한 도전이다.

암기 노트를 열어보니 많은 말씀이 적혀있다. 눈덩이의 효과를 직접 체험하며, 굴러가고 있는 눈 덩어리를 상상하니 아주 큰 부자가 되어있는 것 같다. 하루는 24시간이 아니다. 내 인생의 축소판이다. 정말 자신을 사랑한다면 버려야 할 것들은 너무 많다.

첫째, 너무 늦은 것은 아닌가 하는 생각을 버리자.

이런 생각은 우리를 좌절하게 한다. 시작조차 못 하게 만들고 있다.

다만 이런 피해의식에서 벗어나야 한다. 먼저 시작한 사람은 늦게 시작한 사람보다 더 잘한다. 그러나 오늘 시작할 때와 안 할 때는 엄청난 차이를 가져온다. 내가 시작한 날이 가장 좋을 때라는 것을 우리는 명심해야 한다. 세월은 흐르고 있다. 흘러간 세월은 잡을 수도, 되돌릴 수도 없지만, 지금은 우리 앞에 있다. 함께 갈 때 후회라는 친구를 만나지 않는다.

둘째, 내가 해낼 수 있을까 하는 부정적인 생각을 버려야 한다.

"가만히 있으면 중간은 간다."라는 속담이 있다. 과연 가만히 있어도 중간을 갈 수 있을까? 궁금하다. 아니다. 그것은 삶을 회피하는 것이다. 성공한 사람들을 만나보면 그들은 많은 실패를 하면서 올라왔다. 그들이 원하는 곳까지 달려간다. 예를 들어 올림픽 금메달 선수를 살펴보자. 처음부터 금메달을 목에 걸었을까? 그렇지 않다는 것을 우리는 너무 잘 알고 있다. 수 없는 반복의 연습과 시합을 통하여 성장하는 것이다. 할 수 있다는 생각으로 무엇이든지 도전한다면 할 수 있다. 내 생각의 중심이 무엇을 생각하고 있느냐가 가장 큰 원인이 된다.

내가 30대 시절의 이야기다. 앞이 보이지 않을 때가 있었다. 유치원을 운영하던 중 교통사고가 났다. 상대에 대한 배상으로 모든 것이 무너졌을 때의 일이다. 하고 있던 유치원을 처분해야 했던 상황이었다.

어쩔 수 없이 모든 것을 처분했다. 앞이 보이지 않는 상황이지만 나는 전혀 다른 분야의 피아노 학원을 인수했다. 이것은 나에게 큰 도전이고 모험이었다. 그리고 수고한 덕분에 많은 원생이 모여왔다. 좋은 소문들로 학원은 성장했다. 어느 분이 나에게 이런 말을 했다.

"원장님을 보면 꼭 오뚝이 같아요, 그런 용기는 어디에서 나오는 것인가요?"하고 질문을 한다.

나는 생각해 본다. 과연 어디에서 나오고 있는 것인가를. 그것은 아마도 내가 할 수 있다는 믿음에서 나오는 것이다. 긍정적인 생각과 믿음은 40년이 지난 지금도 나를 도전하게 하고 있다.

셋째, 남들이 하는 말을 따라가지 말자.

남의 이야기나 충고가 아닌 내 마음속 음성을 들어보자. 시작하지 않으면 변화는 없다. 하지 않았을 때 후회만 남을 것이다. 하루를 어떻게 살아가느냐는 오직 자신의 의지에 있다. 하루 24시간이 아닌 48시간으로 살아갈 수 있다면 우리는 선택해야 하고 도전해야 한다.

다른 사람이 내 인생을 대신 살아주지 않는다. 그냥 훈계만 할 뿐이다. 그런 훈계에 인생을 멈출 수는 없지 않은가? 오늘보다 더 나은 인생을 원한다면 작은 것부터 도전하고 실천해야 한다. 하고 싶은 것을 먼저 찾아보자. 그 분야에서 성공한 사람을 만나서 조언을 듣는 것이 중요하다. 만나기가 어려우면 책을 통해서라도 배우면서 따라가는 것이다.

그렇게 하나씩 실천하다 보면 어느새 먼저 간 사람들과 함께할 수 있는 길에 들어갈 수 있다. 모든 것에는 길이 있다. 단지 그 길을 갈 것인가 안 갈 것인가는 본인들의 선택에 달려 있다.

1% 어려움이
당신을
강하게 한다

지금 생각해 보니 많은 일과 고통을 겪는 대단한 사람들을 TV로 만날 때가 많았다. 운동선수들, 성공한 사람들, 각 분야에서 많은 사람을 만나볼 수 있었다. 그들은 거의 비슷하게 말한다. 실패가 "성공의 어머니라고, 실패하지 않고 성공한 사람이 없다"고 말이다. 그렇듯 강해진다는 것은 많은 훈련과 연단 없이는 불가능한 것 같다.

실패란 즐겁거나 행복하지 않다. 이것이 성공으로 가는 지름

길이라고 해도 좌절이란 문턱 앞에서 많은 신음과 함께 고통은 종종 있다. 그러나 그것이 강해지기 위한 연단의 과정인 것을 몰랐다. 세월이 흘러 뒤돌아보니 그러한 연단과 훈련이 없었다면, 지금의 모습은 없었을 것 같다. 그리고 건강을 위해 시작한 카약은 참으로 많은 것을 나에게 안겨 주었다. 칠십이 넘은 나에게 꿈과 희망을 주었고 지금까지 살아온 것과 달리 새로운 세상에서 새 친구들과 어울리고 있는 것이 꿈만 같다.

또한, 수백 번 물에 빠지면서 그 고통의 시간을 견디고 연습하며 마지막 도전이라고 했던 나는 새로운 도전 앞에 또다시 신음을 내며 고통을 참고 있다. 누구는 그런 힘든 일을 왜 하느냐고, 묻는다면 나는 분명히 말하고 싶다. 남은 인생을 행복하게 살기 위해서라고.

얼마 전에 책 한 권이 내 손에 들어왔다. 《오늘 내가 살아갈 이유》라는 제목이다. 이 책의 작가가 말하는 살아갈 이유가 궁금했다. 읽어 내려가는 순간 나는 멈출 수밖에 없었다. 나이는 30세, 어려서부터 목표를 위해 달려왔던 작가, 그가 인생의 정상에서 찾아온 병마는 그를 시한부로 만들었다. 정말 기구한 운명이라고 생각했다.

고통 속에서도 살아갈 이유를 찾으며 책을 써 내려가는 작가의 모습이 나를 사로잡고 있었다. 그의 강함이 보이기 시작했다. 책을 쓰는 그 마음은 어떨까? 과연 어떤 상태로 책을 썼을까? 제목이 말하고 있다. "오늘 내가 살아갈 이유" 그는 말하고 있다.

"만일 나에게 허락된 생이 여기까지라면, 그것만으로도 의미가 있습니다. 부모로부터, 남편으로부터, 그리고 친구들로부터 인간이 받을 수 있는 가장 위대한 사랑을 껴안은 채 떠날 수 있는 최고의 행복을 누렸습니다."라는 고백과 함께 받은 사랑을 돌려주지 못한 것이 죄송할 뿐이라고, 남은 자들을 위로하는 그녀!

말기 암 선고를 받았어도 암은 그녀 인생의 분수령이 되어 온몸에 전이되었지만, 암세포 때문에 뼈가 녹아내리는 고통 속에서도 희망을 잃지 않았으며, 오히려 나날이 새로워지는 그녀는 자신을 발견했고 과거와 현재를 넘나들면서 소중한 가치들을 돌아보며 책을 썼다. '삶의 끝자락에 와서야 알게 된 것들' 또한 그녀를 한방에 무너뜨린 운명조차 그녀에게서 빼앗아 가지 못한

'영혼의 기록'들은 우리에게 '오늘 살아갈 이유'를 가르쳐준다.

비록 책 속에서 만난 그녀와의 대화였지만 그를 통하여 내가 살아갈 이유를 삶에 끝자락이 아닌 지금이라는 분명한 이유를 찾았다. 그리고 앞으로 후회하지 않는 사람으로 살아야겠다는 다짐을 해보면서 하루하루 주어진 시간의 소중함을 값지고 보람이 있게 살아가는 그림을 그려본다. 오늘 내가 살아가는 이유를 나를 아는 많은 지인에게 전하고 싶다.

힘들고 어려운 선택이
당신을
도전하게 한다

오래전에 제이라는 원장을 알고 있었다. 그는 처지가 어려우면서도 항상 긍정적이다. 그의 웃는 모습은 지금도 생생하다. 그는 피아노를 전공하지 않았지만, 피아노 학원을 운영하는 어려운 도전을 했다. 자기 분야가 아님에도 불구하고 그 지역에서 소문난 학원이 되어 많은 학생이 모여들었다. 이유가 무엇일까? 궁금해 하는 친구들이 있었다. 그의 대답은 절박함이었다. 살아갈 이유가 분명했기에 맡은 일을 감사하며 최선을 다했다는 것이다.

멋있는 삶의 태도였다. 그는 지금도 자신의 자리에서 최선을 다하며 도전을 두려워하지 않고 노년의 생활을 잘하고 있다. 힘들고 어려운 도전은 삶을 강하게 하는 동시 행복하게 한다.

요즘 책을 통해서 나를 위한 투자를 하고 있다. 좀 더 가치 있는 도전에 온 힘을 다하고 있다. 책 속에서 내 남은 인생의 길을 찾고 있다.

내가 책을 가까이하게 된 동기가 있다. 그것은 책을 쓰면서부터 시작되었다. 책을 쓰기 전에는 작가가 하나의 직업이라고 생각했다. 물론 직업이 되는 사람들도 있지만, 평생 연구했던 부분들을 후배들에게 전하고 싶은 마음을 가진 분들도 있다. 또한 여러 분야에서 성공하고 정상에까지 갈 수 있는 길을 자세히 알려주기도 한다. 다 고마운 사람들이다.

이러한 생각을 하기 시작한 지가 얼마 되지 않았다. 이렇게 늦은 나이에 알게 되었다. 다행이긴 하지만 아쉬움이 더 남는다. 그래서일까? 요즘 시간을 낭비하지 않으려 노력하고 있다. 이때 생각나며 늘 귓가에 맴도는 말이 있다.

"비록 내일 지구의 종말이 온다고 해도 오늘 한 그루의 사과나무를 심겠다." 네덜란드 철학자인 바뤼흐 스피노자(Baruch Spinoza)가 한 말이다. 과연 어떤 마음으로 이 말을 전했는지를 전에는 몰랐다. 하지만 이제야 조금 알 것 같다. 늦게 깨닫는 것이 무척 안타까운 일이지만 지금부터라도 인생의 사과나무를 심으며 살아가야겠다.

책 속에 나오는 스승들로부터의 가르침은 나를 설레게 한다. 도전은 또 다른 도전을 만든다. 어릴 때는 학교에 가야 스승을 만날 수 있다고 생각했다. 그러나 내가 살아오면서 느끼는 것은 나를 제외한 모든 사람이 스승이다. 스승이라고 생각하니 떠오르는 성경 말씀이 있다.

"남에게 대접받고자 하는 대로 너희도 남을 대접하라" 모든 스승을 이 말씀처럼 공경하고 대접한다면 정말 멋진 세상이 되어 아름다운 사람들이 살아가는 행복한 세상에서 살아갈 것이다.

나는 내가 대견하다고 생각하면서 살고 있다. 그리고 나에 대하여 칭찬을 아끼고 싶지 않다. 그것은 내가 살아가는 방식이다.

누가 나를 칭찬해 주는 것도 행복한 일이지만, 자신과의 대화를 통하여 위로하고 힘을 줄 수 있다면 행복한 일이다. 또한, 앞으로 남은 시간은 내가 필요한 사람들을 위하여 살아갈 것이다. 그러기 위해 오늘도 또 다른 삶을 위해 달리고 있다.

　책 읽기 모임을 시작했다. 독서에 관심 있는 사람들의 모임이다. 지금까지 배운 자료들을 정리하여 배우고 실천하면서 느꼈던 것들을 이야기하며 재능 기부를 했다. 처음으로 하는 모임이고, 또 적은 인원이었지만 박수가 많이 나왔다. 어느 수강생은 수강료를 내야겠다는 생각이 들었다고 고백까지 했다. 내 첫 번째 훈련은 기대보다 더 잘한 것 같다. 다행이다. 덕분에 나도 독서를 어떻게 해야 하는지를 한 번 더 알고 새기게 되었다. 지식이란 아마도 이렇게 조금씩 쌓이는 과정임을 느끼는 시간이었다.

**　모든 것은 단계가 있듯이 한 계단씩 올라가면서 바라볼 것이다.**
　그것이 무엇이든지 꾸준하게 지속할 수만 있다면 우리는 원하는 것을 얻을 것이다. 자격증을 따는 시험에 응시한 이유도 앞으로 재능 기부를 하기 위해 도전한 것이다. 그러나 생각보다 내가 도전하기에는 정해진 날짜와 시간으로 어려운 부분들이 많았다. 중간에 함께 시작했던 젊은 친구들도 한 사람씩 포기하는 것을 보면서 나 또한 포기하고 싶은 생각들을 많이 했다. 그러나 도전은 나와 싸움이라 생각하면서 참고 인내했다. 나를 테스트 하고 싶었다. 나이는 숫자에 불과하다는 것을 하루 이틀 지나면서 한 달을 앞두고 다시 한번 내가 도전하는 것을 주위에 알리고 시작했다. 이제는 달릴 수밖에 없는 환경이었다.

나와 비슷한 상황을 황농문 교수님의 《몰입》이라는 책 속에서 읽었던 말이 생각났다.

앞으로 남은 한 달을 지금까지 한 것처럼 행동하고 생각한다면 분명 나는 떨어질 것이다. 몰입해야 했다. 시험공부를 하루 10시간 본격적인 몰입을 시도했다.

처음에는 무척 어려웠다. 나는 몰입 상태를 유지하는 방법으로 먼저 책상 앞에 앉아있는 훈련부터 했다. 하지 않았던 공부를 하기도 어렵지만, 책상 앞에 앉아있는 것은 더 힘들었다.

그러나 내가 시험 후에 느껴야 할 부분들을 생각하면서 인내를 통한 몰입을 하기 시작했다. 도전 속에서 겪는 7가지 필수 과정인 선택, 도전, 좌절, 인내의 단계이다. 가장 힘들고 어려운 단계이다.

가장 어려운 단계는 또 다른 결단 없이는 지나가기 어렵다. 열정이란 포기를 하지 않는 것이라고 한다. 그러기 위해 문제를 찾아야 했다. 안되는 이유를 책이 눈에 들어오지 않는 이유를 찾아야 했다. 그것은 습관이었다. 습관을 익히기 위해 몰입을 하기로 했다.

몰입에 들어가기 전 생각을 한곳에 집중했다. 오직 시험에만 말이다. 내가 왜 이 시험을 보려고 하는가? 시험을 치는 목적과 의도가 무엇인지, "왜" 하고자 하는지를 나에게 인지하는 시간이 필요했다.

왜 이 시험을 통과해야 하는지, 이것이 나에게 얼마나 중요한 것인지, 내 남은 인생을 얼마나 행복하게 할 것인지 합격 후 내 생각과 행동이 얼마나 변할 수 있는지를 상상했다. 내가 적용했던 몇 가지를 적어본다.

1. 몰입할 수 있는 환경을 우선 확보한다.

몰입하기 위해서는 먼저 함께하는 가족의 양해가 필요하다. 집중하는 도중에는 다른 생각과 일을 할 수가 없다. 나는 내 방에서 시작했다. 집안일을 도우면서 하였기에 집중할 수 있는 시간이 제한적이었다. 그래서 새벽 시간을 이용했다. 누구한테도 방해받지 않은 시간이다. 늦은 나이에 나만의 시간과 목표를 갖고 할 방법들을 동원하는 모습을 생각해 보니 문득 이렇게까지 수다스럽게 했는데 시험에 떨어지면 안 된다는 결심을 하게 되었다. 내가 공부하고 있다는 말과 행동의 그물로 나를 가두기 시작했다.

2. 외부와 차단한다.

많은 사람들이 아마도 스마트폰이 항상 손에서 떨어지지 않을 것이다. 나도 역시 스마트폰을 항상 손에 들고 있었다. 이제는 몰입해야 할 때가 되어 결단했다. 카톡 소리와 세상 돌아가는 이야기 등 이러한 것들로부터 차단하기로 하고 외부에서 걸려 오는 전화에 반응하지 않기로 했다. 처음엔 불편하기도 했지만 나 없으면 안 된다는 착각은 잠시 멈추고 지금 내가 해야 하는 우선순위를 정하기로 한 것이다.

3. 혼자만의 공간을 가져야 한다.

몰입할 때는 방해받지 않기 위해서 혼자만의 공간이 필요하다.

서재에 혼자 있더라도 주위 사람으로부터 방해를 받는다. 이번 글쓰기를 시작하면서 많은 것들을 차단하고 있다. 꼭 필요한 것을 제외하고는 가능한 시간을 글쓰기에 집중하려 한다. 지금은 이것이 내가 도전한 일이고 마무리하기 위해서는 어떠한 어려움도 참고 이겨내야 한다. 끝까지 할 방법을 동원하고 있다.

4. 땀을 흘릴 수 있는 운동을 한다.

땀을 흘리는 운동은 그만큼 집중할 수 있는 시간이다. 새벽 알람 소리와 함께 기상하고 간단한 준비를 하고, 카약에 몸을 싣고 8km를 매일 타고 있다. 새벽에 물을 만나는 시간은 아마도 최고의 몰입 단계이다. 떠오르는 태양을 바라보며 하루를 시작한다는 것이 너무도 행복하다. 이것 또한 선택과 도전으로 이루어 낸 결과의 열매이다. 농부가 계절에 따라 여러 채소를 심고 열매를 거둘 때 행복한 것처럼 또한 선택하고 도전한 것들로 내 삶이 풍요로워지는 것을 느낄 때마다 도전은 늘 나를 행복하게 한다.

5. 식사의 중요성이다.

나는 식이요법으로 14kg을 감량했다. 또한, 운동도 열심히 했다.

우리 몸은 신비롭다. 하루에 사용할 수 있는 에너지를 무엇으로 만들고 싶은지를 입과 소화기관이 원하는 것은 다른 것 같다. 입이 원하는 대로 먹으면 소화기관은 부담을 느끼고, 소화기관이 바라는 음식은 입이 별로 좋아하지 않는 것 같다. 그래서 건강식으로 식단을 만들어 생활해야 한다. 그것은 입이 좋아하는 것이 아닌 소화기관이 좋아할 수 있는 것이 건강 식단이라고 생각한다. 이것은 어느 과학적 근거가 아닌 내가 살아오면서 터득한 것이다.

다이어트를 하면서 철저하게 건강 식단으로 생활했다. 많은 유혹이 있었지만, 그 또한 도전이기에 열심히 한 결과 불필요한 지방을 제거한 후 내 생활은 180도 바뀌었다. 먼저 먹던 약들을 끊을 수 있었다. 혈압도 정상이 되었다. 불면증도 치료가 되었다. 무릎관절도 좋아졌다. 몸이 정상으로 돌아왔다.

모든 것이 신기할 정도로 정상으로 생활할 수 있게 되었다. 그리고 새로운 도전을 했고, 함께 하는 사람들에게 재능 기부를 하며 생활하고 있다. 어울리며 사는 세상, 내가 가진 것을 나눌 수 있는 것이 있어 행복하다.

쉬우면
쉽게 질리고
포기한다

"여러분은 절대로, 절대로, 절대로, 포기하지 마십시오."

어느 대학으로부터 강연 초청을 받은 윈스턴 처칠의 강연이었다. 짧은 강연에 실망한 사람도 있었지만, 그의 삶 속에 포기하지 말아야 할 부분이 그를 힘들게 했다. 실패는 다시 시작하면 된다. 그러나 포기는 완전히 다른 차원의 문제이다. 심리학자들의 연구에 따르면 한번 꿈을 포기한 사람은 새로운 꿈을 꾸지 않을 확률이 매우 높다고 이야기하고 있다.

포기만 하지 않는다면 종착지까지는 갈 수 있다. 한 젊은 친구가 나를 따라 스케이트를 타겠다고 왔다. 걸음마부터 시작했다. 빙상 위에서는 걷는 것조차 어려워했다. 하루 이틀 따라 한 후 그는 다시 빙상경기장에 나오지 않았다. 포기한 것이다. 포기란 끝이란 이야기다. 아마도 그는 다시 빙상경기장에 오지 않을 것이다. 또한, 다른 종목들도 도전과 동시에 포기하는 것을 보았다. 한번 포기한 사람은 또 다른 것도 쉽게 포기하는 것을 볼 수 있다.

나는 농사꾼의 딸로 태어났다. 어린 나이에도 부모의 농사를 많이 도우며 살았다. 봄이면 농부들은 밭을 경작하고 씨를 뿌린다. 그리고 기다린다. 씨가 열매 맺을 때까지 거름을 주고 풀을 뽑아주고 비가 오지 않으면 물을 주며 많은 시간을 투자한다. 왜 그럴까? 농부는 경험을 통하여 그 씨앗들이 열매로 보답할 것을 알기 때문이다.

하고자 한다면 우리는 씨를 뿌려야 한다. 성경에도 "눈물로 씨를 뿌리는 자는 기쁨으로 단을 거두리로다."라고 말씀하고 있다. 농부의 마음을 갖고 도전해 보자. 일어나서 움직이자. 시작이 반이라고 했다. 무엇을 할 것인가는 천천히 생각해도 된다. 잘 할 수 있는 것도 좋지만 쉬우면 포기하기가 쉬워진다. 기대하는 마음이 떨어지기 때문이다. 지금보다, 조금 어려운 것을 선택하면 도전할 수 있는 에너지가 일어날 것이다.

모든 것은 아는 것만큼 보이고 생각하게 한다. 내가 행복하다고 말할 수 있는 것도 아는 것만큼 가능하다. 행복도 보이고 느낄 수 있어야 말할 수 있다.

요즘은 6살 손녀의 방과 후에 함께 학원을 탐방한다. 미술 시간 있는 날이면 미술학원에서 한 시간을 기다린다. 그런 이유로 늘 아이의 투어 시간에는 책을 가지고 다니며 읽는다. 어느 날 학원에 들어갔을 때 눈에 들어오는 한 사람이 있었다. 연세가 많으신 어르신이었다. 책을 읽는 모습이 눈에 들어왔다. 아마도 손녀가 수업 중인 것 같다. 순간 내 머리에 스치는 생각이 들었다. 멋있다. 외모나 옷 입은 것이 멋있다는 것이 아니다. 책을 읽고 있는 모습이 멋있다는 것이다.

무슨 책을 읽는지는 나는 모른다. 시간을 소중하게 생각하고 낭비하지 않는 모습을 통해서 그분의 지난 젊은 시절의 모습을 연상하게 했다.

지난 시절 우리는 처음 만나는 사람들과 이야기 나눌 때 묻는 이야기가 있었다. "취미가 무엇인가요?"하고 물으면 대부분 사람은 "독서예요"라고 대답했다. 나도 그랬다. 그리고 50년이 지나서야 독서가 취미가 아닌 본업수준의 책을 읽고 있다. 지금도 묻고 싶다. 아직도 취미로 독서하는가를, 취미도 꾸준히 지금까지 해왔다면 얼마나 좋았을까? 아쉬움을 남겨본다.

요즘 나는 책 읽기를 좋아하는 사람들과 함께 재능 기부를 나누며 행복을 누리고 있다. 독서에도 방법이 있다는 것을 전에는 몰랐다.

수영장에 들어가서 물속에 있다고 해서, 수영하는 방법을 배워서, 수영 잘한다고 말할 수 없는 것과 같다.

다양한 독서법에 관한 책을 읽고 나의 독서력은 놀라보게 발전했다. 지금은 많은 책을 읽으며 필사까지 한다. 책의 내용을 필사하면서 기억하는 것은 기억력 향상에 큰 도움을 주고 있다.

꼭 책을 다양한 분야에 걸쳐서 많이 그리고 깊이 읽는 것을 추천한다.

요즘은 아이들이 줄넘기도 따로 배우고 있다. 감히 전에는 상상도 못 했던 일이다. 이제 생각을 바꿔야 한다. 모든 분야에서 먼저 시작한 사람들을 따라 하는 것도 방법이다. 독학해도 좋다. 그러나 독학은 시간이 길어진다. 또한, 혼자 시작하면 포기하기도 쉬워진다. 이것은 내 경험에서 나온 것이다. 모두가 그렇다는 것은 아니다. 많은 것을 혼자 결단하고 시작하는 것은 작심삼일이 될 때가 많이 있었다.

이제는 하고자 하는 것을 끝까지 할 수 있는 주문을 외운다.

모든 것이 언어에서 시작한다.

성경 말씀에 말이 곧 씨라고 했다.

그래서 뿌린 대로 거둔다고 말씀하신다.

'콩 심은 데 콩 나고 팥 심은 데 팥 난다'라는 속담은 모든 것은 근본에 따라 거기에 걸맞은 결과가 나타나는 것임을 비유적으로 이르는 말이다. 우리는 이러한 것들을 잘 알고 있다. 머리로는, 그러나 심각하게 그것을 생각해 보며 실천하려 하지 않는다. 너무 일상이 된 말이기 때문이다. 그러나 이것들은 정말 우리가 살아가는데 꼭 알고 실천해야 한다는 것을 나도 한참을 살아보니 귀하게 다가왔다.

말하는 순간 이미지가 떠오르며 그것을 상상하게 된다.

좋은 생각이나 나쁜 생각이나 그렇다면 떠오르는 생각을 재구성하기 위해서는 어휘가 필요하다. 긍정적인 말, 자신을 성장시키는 말, 자신과 타인을 살리는 말, 두려움을 없애는 말로 전환할 때 이미지 변환이 되는 것이다. 언어가 바뀌면 내면도 바뀐다.

그래서 매 순간 성공의 단어로 세뇌를 해보자. 살리는 말로 자신을 강화하며 나가보자.

나는 책 속에서 많은 스승을 만나고 있다. 세계적인 사람들을 만나면서 큰 비용 없이 그들의 생각, 살아온 경험, 하고자 하는 습관, 그들이 살아온 과정을 따라갈 수 있다는 것이 행복하다. 그것이 내가 책을 읽는 이유가 된다.

그리고 그것을 실천하기 위해서 몇 가지를 적어본다.

첫 번째, 프레임 속에 자신을 가두어 놓는다.

새로운 자격 시험을 볼 때에도 혼자서 도전하면 실패해도 아무도 안 보니까 쉬쉬했을 것이다. 그러나 프레임 속에 자신을 가두어 일단 누군가에게 말을 하면 빼도박도 못하기에 나는 반드시 뭔가를 할 때에는 목표를 주변에 알린다. 그것이 때로는 나와의 약속을 지키기 위해 포기해야 할 것이 많아서 안 하고 싶어도 하게 만든다.

때론 후회도 했다. 주위 사람들에게 도전한다는 말이라도 하지 않았다면 아마 조용히 다른 핑계로 포기했을 것 같다. 대회가 있고, 시험 날짜가 있고, 도전을 언제 하겠다는 목표가 있을 때에는 시간적 압박감을 느꼈다. 나 자신과의 싸움을 해야 했다. 포기하고 싶은 자신을 느꼈을 때 프레임이라는 마술로 나를 묶어놓았다.

그리고 시작했다. 나 자신을 바라보면서 도전하고 있는 나를 스스로 응원하기로 했다. 평상시 하는 일을 하면서 여유 있는 시간을 활용했다. 일찍 일어나고 늦게 자면서 내가 만든 도전의 6

단계 중 3번째 좌절의 시간을 겪고 인내의 시간과 싸우고 있었다. 그러나 그러한 시간도 모두 지나간다는 사실이다.

솔로몬이 인내하며 기도했던 "이 또한 지나가리라"는 나의 좌우명이 되어 힘들 때마다 가벼운 마음으로 도전하게 했다. 영원한 것은 없기에 그 시간도 지나가고 있다는 것을 알고 있지만, 순간은 영원한 것 같은 착각에 있는 자신을 발견한다. 새로운 것을 도전한다는 것은 모두 어렵다. 그러나 하나의 도전이 또 다른 도전을 잉태하며 할 수 있는 원동력이 되어 우리의 삶을 가치 있게 만들고 있다.

이번 도전은 그 자체로서 나에게 의미가 깊다. 책을 보고 공부를 할 기회를 얻게 되었고 책을 가까이할 수 있는 전환점이 되어 생활에 적용할 수 있다는 생각을 해본다. 도전하고 실천하면서 많은 것을 배우고 느꼈다. 젊은 친구들한테는 쉬울 수 있는 부분이지만 지금까지 살아오면서 도전한 것은 국가고시 중 운전면허가 전부였다.

지금은 전 국민이 모두 운전하는 시대지만 내가 30대에 도전했던 것을 지금까지 잘 이용하고 있다는 사실이다. 지금 카약이라는 스포츠를 통하여 나의 삶의 즐거움과 행복을 알았다. 이 행복을 많은 사람에게 재능 기부를 하고자 하는 마음으로 시작한 도전은 어려운 부분으로 다가왔다. 그러나 내가 만든 프레임에 도전하고 있는 모습을 상상하면서 "너는 할 수 있어"라는 찬사를 보내며 미소를 지어본다.

두 번째, 주위 사람에게 선포한다.

선포란 세상에 널리 알리는 것을 말한다. 나는 세상까지는 아니지만 새로운 도전을 할 때는 내 주위에 먼저 알린다. 하고자 하는 일에 대하여 포기할 수 없는 상황을 만드는 것이다. 그러하지 않으면 자신과의 싸움에서 지고 말기 때문이다. 주위 사람들의 응원도 필요하다.

조용히 혼자 한다면 결정도 포기도 쉬워진다. 그것이 인간의 속성이다. 아니 내가 살면서 겪은 많은 일을 하면서 일어나고 있는 현상이다. 우리는 누군가 지켜보고 있다고 생각할 때 더 열심히 한다. 그리고 함께할 때 효과는 배 이상으로 다가온다.

그러하듯이 생각이 같은 사람들의 모임이 있다. 또한, 같은 취미 활동을 함께하는 클럽들이 많이 있다. 책 읽기 모임, 등산 모임, 여행 모임, 마라톤 모임, 맨발 걷기 모임, 스케이트 모임, 골프 모임, 등등 많은 채널 속에서 우리는 각자 하고 싶은 모임에 들어가서 활동하면 된다. 나이가 들수록 클럽 모임에서 활동할 때 훨씬 젊고 행복하게 살 수 있다. 클럽에는 나이 제한이 없는 곳이 많다.

나는 여러 클럽에서 활동한다. 그중에 카약클럽은 전국에 있는 클럽들과 소통하며 투어를 다닌다. 가보지 않은 바다와 아름다운 강들을 찾아다니며 함께하며 즐기는 시간은 정말 즐겁고 행복한 시간이다. 이렇듯 취미도 함께하는 즐거움이 없다면 지속해서 하기가 어렵다. 그렇듯 정해진 시간표가 있다면 주위에 내 일정을 알리고 생활하면 시간을 방해받지 않을 수 있어 좋다.

세 번째, 행동하며 보여 준다.

옛날 농경시대에는 비가 오지 않을 때 기우제를 드리는 문화가 있었다. 기우제를 드리면 비가 온다는 신념이 있기에 그들이 행하는 행사라고 할까? 그런데 실제로 기우제를 드리면 비가 온다. 왜일까? 올 때까지 기우제를 하기 때문이다. 생각해 보면 굉장히 단순한 일이라고 생각하지만, 그것은 사실이다. 무엇이든지 열심히 하다 보면 원하는 자리까지 있는 자신을 볼 수 있다. 그것이 도전을 끝까지 할 수 있는 유일한 성공 방법이다. 사람은 마음과 행동이 따로 움직일 때가 많다. 그래서 나는 이 방법을 사용하여 나 자신을 길들이고 있다. 또한, 거짓이 없는 진실한 모습은 많은 사람을 감동을 주는 것을 볼 수 있다. 도전이란 행동을 이야기하고 있다. 말로만 하는 것은 보여 줄 수가 없다. "시작이 반이다."라는 속담처럼 시작하지 않으면 아무것도 얻을 수가 없다.

내가 카약을 시작한 지 3년이 되었다. 체험 배로 시작하여 이제는 다양한 배를 타면서 카약을 타고 싶은 사람들에게 재능 기부를 하고 있다.

아직은 부족한 부분들이 많지만 처음 시작하는 그들과 함께하는 시간은 참으로 보람이 있다. 알고 있는 것을 전한다는 것이 또한 그들이 기뻐하고 즐거워하는 모습을 볼 때 행복하다.

나눌 때 행복이 배가 된다고 많은 사람이 이야기한다. 일단 시작해 보자. 각자 나눌 것이 무엇인가를. 우리가 알지 못하는 순간 속에서 벌써 나누는 일이 저절로 작동되고 있을 것이다. 사회란 함께 어울리며 모방을 통하여 만들어져 간다고 볼 수 있다. 누군가 하는 일들이 멋있어 보이고 부러울 때 하고 싶은 충돌과 함께 도전하게 된다. 나는 먼저 길을 간 선배들이 닦아놓은 길들을 통하여 걸어왔다. 개척이 아니라 모방이다. 그리고 지금 이 자리에 있다. 보여 줄 이력은 없지만 두 아이의 엄마로서 열심히 살았다. 5월이 되면 어린이날과 어버이날 스승의날 자라나는 새싹들과 함께 은혜를 기억하게 하는 날들이 있다.

세월이 흘러도 부모에 대한 기억은 잊히지 않는다. 더 깊이 마음속에 새겨지고 있다.

그리고 오월이 되면 림태주 작가님의 산문집에 있는 "그토록 붉은 사랑"에서 어머니의 사랑은 나를 다시 돌아보게 한다. 내가 너무 좋아하는 것이라 여러분들께도 소개하고 싶다. 어머니가 남긴 유언의 글, 아들한테 남긴 편지이다.

아들아 보아라.

나는 원래 배우지 못했다. 호미 잡는 것보다 글 쓰는 것이 천만 배 고되다. 그리 알고, 서툴게 썼더라도 너는 새겨서 읽으면 된다. 내 유품을 뒤적여 네가 이 편지를 수습할 때면 나는 이미 다른 세상에 가 있을 것이다. 가슴 칠 일도 아니다. 가을이 지나고 겨울이 왔을 뿐이다. 살아도 산 것이 아니고 죽어도 죽은 것이 아

닌 것도 있다. 살아서 추억을 간직하는 것은 산 사람 몫이다. 그러니 무엇을 슬퍼한단 말이냐. 나는 너를 사랑으로 낳아서 사랑으로 키웠다. 내 자식으로 와주어서 고맙고, 염치없었다. 너는 정성껏 살아라.

몇 번을 읽어도 어머니의 사랑이 온몸을 감싸고 있다. 세상을 떠나는 부모의 마음, 살아오면서 느꼈던 지혜들을 사랑하는 아들에게 전하는 어머니의 마음을 느끼며 모든 어머니에게 박수를 보내고 싶다.

평범함은
실패의
다른 이름이다

평범함은 많은 걸 시도하지 않음이라고 나는 정의하고 싶다. 평범함에 안주하는 사람들도 아마 성공하기 위해 여러 번 시도하지 않았을까? 여우와 포도나무의 우화처럼 굶주린 여우는 맛난 포도가 떫고 실 것 같아서 포기하고 따 먹기를 합리화하면서 포기한다. 굶주린 여우는 아무리 애를 써도 뜻대로 맛있는 포도를 점프를 해서 따먹지 못하니 그 맛있는 포도를 '신포도'로 규정해버렸다. 자기 합리화는 나쁘다는 뜻은 아니지만, 그 상황을 긍정해버리고 포기하게 만든다. 다른 체험의 세상이 있다는 것을 경험하지 못한다. 그러나 그런 일이 반복되면 습관이 되어 평범함에 안주하고 만다.

　나 또한 포기한 것 중에 아직도 미련이 남는 것은 영어 공부다. 해외여행을 다녀올 때마다, 다음 여행에는 꼭 간단한 회화라도 꼭 해야지 하는 생각을 하고 돌아왔다. 그리고 책을 사고 인터넷 강의를 하면서 시작은 열심히 하지만 또 어느 순간 필요성을 잊고 포기를 몇 차례 되풀이한다. 마음속으로는 영어를 꼭 할 필요가 없다고 평범함에 안주해 합리화시켜버린다.

　이런 일이 여러 번 반복되지만, 쉽지 않다. 여행이 끝나면, 간절하지 않기 때문이다. 간절함은 우리를 움직이게 하고 도전하게 한다. 간절함이 없어서 포기한다는 것은 실패라고 볼 수 있다. 중도 포기하였는데도 불구하고 생활하는 데 아무 어려움을 느끼지 못하고 있다. 아마도 내가 아는 범위에서만 생활하고 있기 때문이다. 그것이 도전을 포기한 삶인 것 같다. 지난 해외여행 중에도 나는 또 느꼈지만, 함께 온 사람 중에 통역하는 사람이 있어 간단한 것은 넘어갔지만 혼자 행동할 수 있는 것이 제한적이었다.

불편한 것은 어느 상황이 닥쳤을 때만 느끼기 때문에 힘든 과정을 견디지 못하고 평범하게 살아가고 있는 것은 아닌가 싶다. 평범함은 실패의 그림자로 나에게 남아 있다. 넓고 비밀스러운 것이 많은 세상을 바라보지 못하고 있다. 지금은 새로운 정보가 쏟아져 나오는 시대에 살고 있다. 그러나 모르면 옆 사람이 웃을 때도 따라 웃지 못하는 그런 시대이다.

국제학교 8학년인 손녀딸이 학교 오케스트라 발표에 초대해서 손녀의 연주도 볼 겸 학교에 참석했다. 많은 학생과 학부모, 선생님이 참석한 자리에 교장 선생님의 인사가 있었지만 다른 날 하고는 다르게 그날은 통역 없이 진행되었고 지휘 선생님의 인사도 있었다.

인사 도중 많은 학생은 웃음을 참지 못하는 모습을 볼 수 있었다. 나만 이방인의 모습이었다. 전혀 무엇 때문에 웃고 있는지를 도무지 알 수 없어 멍하니 앉아있는 나를 보면서 창피하다는 생각과 함께 영어를 끝까지 하지 못한 것을 잠깐이나마 후회하는 시간이 되었다. 도전을 포기한 실패자의 모습이었다.

손녀를 국제학교에 보내면서 종종 있는 일이었지만 나는 부모가 아니고 할머니라는 이유로 아마도 도전을 포기한 하나의 이유가 된다. 왜 포기했을까? 생각해 보니 힘들었다. 공부해도 사용할 수 있는 환경이 이루어지지 않는 것이 이유다. 또한 부족함을 포장하기 위한 하나의 모습이었음을 알게 되었다. 시작한 것들을 어렵다고 아니, 못한다고 포기하지 않겠다는 다짐을 해본다.

어느 날 젊은 친구가 나에게 질문을 했다.
"열심히 살아가시는 모습이 너무 보기 좋으세요."
"비결이 무엇인가요."
나는 잠시 생각했다. 비결이라기보다 생활이라고 할까? 그리고 내 대답은 "하루하루 주어진 일들에 감사하며 사는 것이 비결입니다."였다.
너무 평범한 대답이다. 그러나 어려운 대답일 수도 있다. "항상 기뻐하라, 쉬지 말고 기도하라, 범사에 감사하라," 이 말씀을 나의 좌우명으로 삼고 살았다. 그리고 많은 세월이 흘렀다. 많은 사람이 나를 부러워한다. 나이와 상관없이 새로운 것들에 도전하고 있는 모습이 그들한테는 부러운가 보다. 감사하다.

알베르트 아인슈타인(Albert Einstein)은 이런 말을 했다.

"실수한 적이 없는 사람은 결코 새로운 일을 시도해 보지 못한 사람이다."

5년 전 헬스장에서 만났던 회원이 있었다. 그때 헤어지고 처음으로 독서 모임에서 만났다. 그는 40대의 젊은 친구이다. 그는 나를 보자마자 놀라는 모습이었다. 내 모습이 너무 젊어지고 멋있어졌으며 예전에 내 모습이 아니라는 것이다.

강연하는 내 모습이 70대 같지 않다는 것이다. 그렇다면 사람들이 생각하는 70대는 어떤 모습으로 생각하고 있을까?

'나이는 숫자에 불과하다'라는 말이 있다. 그렇듯 내가 살아가는 방법의 하나는 나이와 과거를 생각하지 않는다는 것이다. 다만 있는 자리에서 최선을 다하고 있다. 아이들을 돌보는 일도, 집안일을 하는 일도, 운동하는 것도, 나를 위한 투자도 아낌없이 하고 있다. 그리고 열심히 최선을 다해서 살고 있다. 이런 내 모습을 아는 가까운 사람들은 나를 따라 하고 싶어한다. 하지만 움직이지 않고 부러워하기만 한다. 움직여 보자. 생각을 정리하기 위해 많은 사람은 걷고 달린다. 걷는 순간 무언가를 느끼고 발견할 것이다. 한 가지씩 실천해 보자. 남은 멋진 인생을 위해서 달려보자. 평범함을 뛰어넘자. 또 다른 아름다운 세상이 열린 것이다.

어느 작가의 말이다.

"새로운 일을 하기 위해 출가를 한다면 배낭에 나이를 넣지 말라. 단지 지금 시작하고자 하는 일과 5년이라는 인생 계획서만을 갖고 떠나라. 5년 후 변해있는 당신의 모습만을 상상하며 출발할 때가 가장 멋있는 시간이 될 것이다."

나는 이 말에 너무너무 동감한다. 이 책을 보는 순간 내 삶에 적용하기로 했다.

5년 후 나의 모습을 상상하며 일일 계획표를 세워본다.

첫 번째 – 건강을 위한 계획표

1. 감사와 기도로 하루를 시작한다.
2. 새벽에 K1을 타며 잘할 수 있을 때까지 반복한다.
3. 식단은 건강식으로 한다.

두 번째 – 책 쓰기를 위한 계획표

1. 일주일에 두 권 정도 책을 읽는다.

2. 하루에 한 페이지 정도 글을 쓴다.

3. 블로그에 기록한다.

4. 성경을 하루 3절씩 암송한다.

세 번째 – 여행을 위한 계획표

1. 캠핑카를 산다.

2. 국내 아름다운 곳들을 다닌다.

3. 해외여행은 1년에 두 번 정도 한다.

한 번쯤은 나만을 위한 인생 계획표를 세워보고 싶었다. 세월이 지나 70년이 흘렸다. 지금 할 수 있어 너무 감사하다. 살아 있어야 할 수 있기에 감회가 크다. 앞으로 5년 후 궁금하다. 변해있는 모습이 아름답고 멋있게 변하기를 하루하루를 소중하게 시간을 쓸 것이다.

내일의 변화는 오늘의 결과물이다. 오늘 누구를 만나고 어떤 대화를 하고 있으며 어떤 종류의 책을 읽고 있는가에 따라 5년 후의 모습은 변해있을 것이다. 나쁘지 않은 인생은 결국 좋은 인생, 탁월한 인생, 가슴 뛰는 인생을 살지 못한다. 우리는 나쁘지 않은 인생이 아니라 정말 좋은 인생을 살아야 한다. 그래야 인생이 위험에서 벗어나 강건해진다. 비 온 뒤에 땅이 더 단단해지는 것처럼 인생도 마찬가지다.

한번 5년 후의 모습을 상상해 보자. 설렌다. 길다고 생각하면 긴 시간이지만 큰 꿈을 갖기에는 5년 정도 필요하다. "꿈은 이루어진다." 출가하는 배낭에는 나이가 없다. 오직 계획표와 꿈만 있다. 5년 후를 바라보며 오늘을 달려보자. 힘차게, 멋있게, 씩씩하게 탁월한 선택을 위하여 오늘부터 시작하자.

도전의 가장 큰 적은
도전하지 않은 자들의 조언이다.

- 부시 파일럿 오현호

제5장

1% 어려운 선택으로
내가 도전한 것들

인생은
핑퐁이다
– 탁구

 탁구하면 떠오르는 인물이 있다. 현정화 감독이다. 1991년 세계선수권대회에서 남북단일팀이 금메달을 목에 거는 모습은 평생 잊지 못할 명장면이었다. 북한 선수는 리분희, 유순복이었다. 이것을 주제로 한 영화가 〈코리아〉이다. 이 영화를 보면서 탁구는 내가 가장 하고 싶은 스포츠가 되었다.

 탁구는 1988년 서울 올림픽에서 처음 공식 경기로 개최되었다. 우리나라 선수로서는 유남규, 양영자, 현정화 선수가 올림픽에 출전하였다. 좋은 성적으로 전 국민의 기쁨이 되기도 하였다.

　그중에서도 내가 존경하는 두 사람은 현정화와 중국의 덩야핑 선수였다. 덩야핑은 1989년 랭킹 1위로 등극한 후 1997년 은퇴까지 세계 1위 자리를 놓치지 않았다. 그리고 무엇보다 경이로운 것은 탁구에 치명적인 150cm의 키에 짧은 팔을 가지고 있는 신체적인 핸디캡을 극복하였다는 점이다. 은퇴 후 체육 특기생으로 중국의 명문대 칭화대 영문과에 입학했다. 그녀는 하루 16시간씩 공부에 매진했고, 좋은 성적으로 졸업했다. 또한, 영국 최고 명문 중 하나인 케임브리지대학교 경제학 박사학위도 취득했다. 이는 800년 역사 중 운동선수 출신이 학위를 취득한 최초의 일이라고 한다.

　자신의 신체적 콤플렉스를 극복하고, 스포츠에서 최고의 성적을 올리고, 명문대에 입학하여, 처음부터 다시 시작하는 마음으로, 하루 16시간씩 공부하고, 경제학 박사학위를 취득하였다니, 정말로 노력형이 아닐 수 없다. 충분히 존경할 만한 인물이다.

　그리고 현정화 선수 역시 훌륭하다. TV MBN "국대는 국대다"에서 60일간 연습하고 은퇴 27년 만에 현직에 있는 서효원 선수와의 시합은 대단했다. 이기기 힘든 게임에도 불구하고 2:0으로 승리하는 모습은 다시 한번 존경의 대상이 되었다.

은퇴 후 한 사람은 후배 양성을 위해 열심히 살아가고 있고, 한 사람은 자기가 하고 싶은 일을 하며 사회에 공헌하고 있는 모습은 아름답고 존경스럽다.

올림픽을 본 후 마음속에, 탁구에 대한 갈망이 있었다. 늦은 나이에 탁구채를 만졌을 때 설렘은 애인을 만난 느낌이었다. 매일 찾아가 흩어진 공을 줍는 일과 빈 라켓을 들고 거울 앞에서 연습하는 것이었지만 행복했다. 순서에 따라 날아오는 공을 넘기는 시간도 차츰 길어졌다.

매일 반복되는 연습이었지만 그러한 시간이 정말 소중했다는 것을 깨닫게 했다. 탁구는 내 인생 도전의 첫걸음이 되었다. 지금 여러 가지 운동에 도전하며 생활할 수 있는 용기는 이때 만들어졌다. 여러 가지 품었던 꿈들을 현재 만들어 가고 있다.

탁구는 혼자 하는 스포츠가 아니다. 상대가 있어야 할 수 있다. 처음에는 핑퐁이라고 했다. 핑하고 던지면 퐁 하고 떨어진다고,

그 후 1923년에 테이블 테니스로 명칭이 바뀌었다. 1926년에는 게임 규칙과 용구도 정해지면서 양편에 한 명씩 경기하는 단식과 두 명이 한 조가 되는 복식경기로 나누어졌다.

　동호회 회원들은 주로 복식경기를 한다. 서로 한 번씩 나누어 치는 복식경기는 배려와 양보를 통해 내가 보낸 공이 다른 내 편에게 돌아오므로 서로 협력하지 않으면 이기기 어렵다. 모든 경기에는 승부가 있듯이 탁구를 통해 승부에 도전하는 것은 실내에서 할 수 있는 운동으로 너무 좋다.

　지금은 손녀와 함께 탁구장을 찾는다. 어릴 때 가르쳐준 실력으로 벌써 함께할 수 있는 운동 중 탁구가 우리 생활에 깊이 들어와 있다. 이제는 탁구장이 보이면 바로 들어간다. 상대가 있으면 함께할 것을 부탁해 보기도 한다. 운동은 사람들의 마음을 가까이할 수 있는 매개체가 되기도 한다.

　어느 날 아들로부터 탁구 시합을 하자는 도전장이 왔다. 뜻밖의 도전이라 잠시 망설였지만 받아들였다. 시합은 예상한 대로 내가 이기기는 했지만, 무척 어려웠다. 나는 정식으로 배웠고 아들은 놀면서 배운 실력으로는 너무 잘했다. 그 후, 우리는 탁구를 통해 소통하는 시간이 많아졌다.

1%의 어려운 선택은 내 삶을 윤택하게 하고 있다. 시작은 어렵고 힘들지만 1%씩 조금씩 할 때 정상은 보인다. 힘들 때는 등산할 때를 생각한다. 시작하기 전에는 정상이 보이지만 막상 정상을 향해 갈 때는 숲만 보인다. 가는 길이 때론 지루하고 힘들지만 길을 따라 한 발짝 발걸음을 뗄 때, 오르고 싶었던 정상에 오를 수 있다. 나는 칠십이 넘었지만, 할머니가 아닌 도전하는 할머니, 멋쟁이 할머니, 닮고 싶은 할머니로 백세시대인 지금, 이 시대에 살고 있다.

물살을 가르며
행복을 느낀다
– 수영

내가 사는 근처에 박태환 수영장이 있다. 아마도 마린보이 박태환을 모르는 사람은 없을 것이다. 그때의 감격은 대한민국 국민이라면 다 느꼈을 것이다. 나 또한 TV 앞에서 눈을 떼지 못했다. "조금만 더"라고 외치며 손을 불끈 쥐고 응원했던 자랑스러운 대한민국의 아들이었다.

나는 그 광경을 보면서 수영을 하고 싶다고 생각했다. 즉시 등록하고 배우기 시작했다. 처음에는 발차기로 시작했다. 뜨지 못

했던 몸을 원망하며 옆 라인에서 물을 가르며 달리는 선배들을 보면서 부러웠던 마음은 아마도 경험하지 않은 사람은 모를 것이다. 수영장 물은 또 얼마를 먹었을까? 그것이 배움에 단계인 것을 그때는 힘들다는 생각만 했다. 시간이 많이 지난 후 나는 깨달았다. 선택, 도전, 좌절, 인내, 끈기, 성취, 설렘, 그리고 행복이 찾아온다. 이 과정을 모를 때는 생각 없이 연습만 했다. 시간이 흐르면 되는 줄 알았다. 내가 어느 시점인지 알 수가 없다. 서 있는 시점을 분명히 알고 견딜 때 훨씬 쉽다. 물은 99도에 끓지 않는다. 100도가 되기까지 견디어야 한다. 그러나 1도를 견디지 못해 포기한다면 지금까지의 수고가 너무 아쉬울 것이다. 어디쯤 왔는지를 안다면 모든 것이 훨씬 쉬워진다.

수영할 때마다 생각이 난다. 지금은 이렇게 쉽게 할 수 있는 수영인데 배울 때는 숨도 차고 물도 많이 먹었다는 사실을 말이다.

이제 물속에서 마음껏 즐기고 있다. 물속에서 여러 가지를 하는데 아마도 어릴 때 느꼈던 엄마의 품 같은 것이라고 할까? 가끔 혼자 하는 운동들은 지루할 때가 있다. 그래서 지루함도 없애고 시간도 절약하기 위해 수영을 하면서 성경을 암송한다. 잊지 않으려고 반복하고 있는 말씀을 다시금 마음에 새기며 수영하니 시간도 잘 가고 운동도 즐거운 마음으로 할 수 있었다. 물론 수영뿐 아니라 자전거를 탈 때, 카약을 탈 때, 걸을 때도 자동차로 운전을 할 때도 나는 하루의 임무를 나에게 주고 그것을 실천하기 위해 하나님의 말씀을 암송한다. 그렇듯 어느 것이든지 익숙해지면 또 다른 한 가지를 더할 수 있다. 이것은 적용하면서 발견한 보물이다. 보물은 시간과 함께 나에게 많은 것을 주고 있다.

첫 번째는 기억력 향상이다. 점점 쇠퇴하는 기억력이 다시금 젊어지고 있다. 처음에는 많은 시간을 투자했지만, 이제는 점점 시간이 단축되고 있다는 것을 느낄 수 있다.

쇼핑할 때 우리는 1+1 제품을 종종 만난다. 사람의 심리를 이용한 판매 전략이다. 우리 인생에도 한 번 적용하면서 살아보자. 두 배의 행복이 찾아올 것이다.

아이들과 여행했을 때의 일이다. 손녀와 함께 수영장을 찾았다. 아이들과 수영할 때면 나는 어느새 코치 선생이 되어있다. 자세도 알려주고 숨 쉬는 법도 알려준다. 장난도 치고 놀면서 아이들과 즐거운 시간을 갖는다. 그때 어느 할머니도 손녀와 함께 오셨다. 그러나 그분은 아이가 노는 것만 바라보고 계셨다. 수영을 못하신다는 것이다. 아이 혼자 수영하는 것을 바라만 보시는 것도 즐겁긴 하지만 함께 수영한다면 더 많이 행복할 수 있다는 아쉬움이 남았다.

　아이들과 함께한다는 것은 세월을 잊게 한다. 나는 행복하다. 물살을 가르며 마음껏 헤엄칠 수 있는 작은 행복에 빠져본다.

두 바퀴 자전거가
행복을 만든다
_ 자전거

88올림픽 때 자전거 굴렁쇠를 굴리며 나타났던 어린 꼬마가 생각이 난다. 전 세계의 시선을 모았던 7살 소년, 그 후 많은 사람의 마음에 올림픽의 고향이 되어 가끔 생각나게 한다. 지금은 무엇을 하며 살고 있을까하는 궁금증을 불러온다.

가을 끝자락에 자전거를 타고 송도 한 바퀴를 달린다. 스치는 바람은 행복의 집배원처럼 아름다운 편지를 전하고 있다. 행복하다. 지금은 많은 사람이 이용하는 생활 체육으로 자리 잡았지만 50년 전에 자전거를 배울 때는 소수만이 운동 삼아 탔다.

무언가 도전한다는 것은 이렇다. 그때를 생각하면 아직도 연습하다 넘어져 퍼렇게 멍든 부분들이 기억난다. 1%의 어려운 선택은 50년이 지난 지금에 와서도 자존감과 건강과 행복을 주고 있다. 할 수 있다는 것은 선택과 수고가 동반된다.

2021년 겨울에 제주도에서 한 달 살기 도전 겸 여행을 했다. 그 기간에 자전거로 제주도 구석구석을 여행했다. 자동차가 다닐 수 없는 곳까지 갈 수 있었다. 그렇듯 자전거는 교통수단도 되지만 체력 단련에도 필요하다. 바람을 느끼고 싶을 때 언제나 대기하는 자전거는 이제 건강을 도와주는 좋은 친구로 함께하고 있다.

제주 비양도 둘레길에서

이제 자전거는 우리 생활 속에 깊숙이 들어와 있다. 덴마크를 여행하면서 느꼈던 일이다. 아이부터 노년에 이르기까지 자전거로 이동하는 것을 보면서 자전거 천국인 것 같았다.

자전거 도로 역시 훌륭했다. 모든 시스템이 자전거 우선으로 운행되고 있었다. 몇 년이 지난 지금도 다시 가보고 싶은 여행지 1위로 남아 있다.

내가 이런 생각을 할 수 있는 것도 1%로의 어려운 선택을 도전한 결과 지금은 마음껏 탈 수 있다는 자신감이 있기 때문이다. 배울 때는 어렵지만 익숙해지면 모든 것이 쉬워진다.

익숙하다는 것은 행복한 일이다. 자전거를 탈 때마다 생각한다. 지금은 불편함 없이 자전거를 탈 수 있지만 처음 배울 때는 힘들었던 상황을 기억하며 다시금 새로운 도전에 용기를 가져본다. 겨울바람은 아직 쌀쌀하지만 스치는 바람은 나를 행복하게 한다. 또한, 지난날의 수고가 오늘의 행복으로 찾아왔다. 익숙하다는 것은 필요할 때 꺼내 쓸 수 있는 복주머니 같다. 앞으로도 복주머니를 많이 만들어서 필요할 때 사용할 수 있도록 해야겠다.

빙판 위에서
삶을 느낀다
_ 스케이트

　어릴 적 논에 물이 얼면 부모님이 만들어 준 썰매를 타고 추운 지도 모르고 놀던 때가 생각난다. 나 또한, 오빠들을 따라다니며 썰매를 탔다. 자연이 주는 행복을 느끼며 살았던 때가 바로 엊그제인 것 같은데 세월과 함께 놀이 문화도 많이 바뀌었다. 지금 그때의 미련이 남아서일까? 나는 계절과 상관없이 좋은 빙상장에서 스케이트를 타고 있다.

　불과 70년도 되지 않아 우리의 놀이는 생활 스포츠란 이름으로 바뀌었고, 아이 어른 누구나 즐길 수 있는 문화가 되었다. 그중 제일 감사해야 하는 것은 다른 사람이 아닌 바로 나 자신인 것을 느낀다. 지금 나는 빙상 위에서 얼음을 가르며 달리고 있다. 젊은 친구들과 어깨를 하는 내 모습은 오래전 논 위에서 얼음을 타며 놀던 어린 꼬마가 아니다. 머리가 하얀 할머니다.

오래전 신문에 실린 기사를 보았다. 러시아의 시골 마을에 90살이 되는 할머니의 모습은 감동이었다. 추운 겨울 모든 길이 막혀 왕래가 힘들 때 스케이트를 타고 생활필수품을 구하려 다니는 모습이 찍힌 사진과 함께 소개되었다.

깊은 사정은 모르지만, 그분의 행동은 감동이었다. 그리고 내가 도전할 수 있는 밑거름이 되었다. 그녀를 보면서 나이는 숫자에 불가하다는 것을 느꼈지만 겨울이 오면 다시 생각이 떠오른다. 지금도 스케이트를 타고 계실까?

사람들은 내게 얼음판은 위험하니 스케이트를 그만두라고 말하곤 한다. 넘어지면 큰일이 난다고. 그러나 나는 멈출 수가 없다. 빙상 위에서 많이 느끼는 희열, 어려운 동작을 배워가면서 느끼는 성취감을 어떻게 설명할 수 있을까? 그냥 행복하다. 빙상 위를 달릴 수 있어서, 그것이 전부다.

내가 사는 인천 송도는 겨울이 되면 임시 빙상장을 야외에다 만든다. 그곳에는 많은 아이가 모인다. 방학 중에는 아이들이 많다. 물론 어른들도 탈 수 있다. 그래도 어른들은 보이지 않는다. 나는 손녀를 데리고 빙상장을 찾았다. 너울대는 깃발과 예쁜 조명들, 허수아비 등 아이들이 좋아하도록 만든 빙상장을 보면서 옛 생각이 났다. 논에 물을 받아놓으면 얼음판이 되어 아이들의 놀이터가 되었던 1950~1960년 때 일이다. 추워도 발을 동동 구르며 아이들과 함께했던 어린 시절, 나에게도 어린 시절이 있었다고 생각하니 세월이 참으로 빠른 것 같다. 지금은 어떨까? 공터 위에 도깨비장난처럼 주문만 외우면 만들어지고 있다. 이런 세상에서 사는 아이들이 행복했으면 하는 바람이다.

노년은 시간적 여유가 많다. 책임져야 할 가족이 줄었다. 자기를 위해 시간을 보낼 수 있다는 것이다. 젊어서 하지 못했던 것들을 할 수 있고, 자유를 가질 수 있기에 노년의 생활에 감사한다. 이제 세상을 바라보는 시선이 달라졌다.

우물 안 개구리가 아니라 넓은 세상을 바라볼 수 있는 지각이 생겼다. 앞으로 남은 시간을 건강한 삶으로 살아갈 것이다. 그렇게 살아가려면 마음껏 다닐 수 있어야 하고 남의 손을 의탁하지 않을 때 가능한 일이다. 칠십이 넘은 내가 빙상 위에서 삶을 느끼는 것은 아마도 그런 이유이다. 내가 생각했던 세상에서 젊은 친구들과 소통하며 함께 한다는 것은 행복한 일이다.

젊어서는 내가 잘할 수 있는 것만 했다. 부족하고 어려운 것을 하면 창피하다고 생각했다. 어른은 모든 것을 잘해야 한다는 생각이 나를 움직이지 못하게 했다. 그러나 지금은 어떤 것을 시작하더라도 행복하다. 6살 아이들과 시작해도 부끄럽거나 창피하지 않다. 할 수 있다는 것에 감사한다. 지금은 하고 싶은 것이 너무 많다. 누구는 말한다. 그 나이에 배워서 어디다 쓸 거냐고 말이다. 나는 대답한다. 내가 행복하기 위해 하는 것이라고. 도전은 나에게 삶이고 생활이다.

할 수 있다는 것은 살아 있다는 증거다. 죽은 자는 움직이지 못한다. 아무것도 할 수 없다. 또한, 움직이지 않는다는 것은 죽은 거나 다름이 없다. 무엇을 할까? 고민한다면, 밖에 나가 태양을 바라보자.

분명히 말할 것이다. 너도 할 수 있다고. 성경 말씀 중에 "구하라, 찾으라, 두드리라, 구하는 자는 얻을 것이고, 찾는 자는 찾을 것이고, 두드리는 자는 열릴 것이다"라는 말씀처럼 우리는 움직일 때 무엇이든지 할 수 있다. 움직이자, 마음껏 달려보자, 더 멀리 더 높이 가자.

시작이 있으면
끝이 있다

책을 마무리할 때가 왔다.

무척이나 긴 시간이라는 생각이 든다. 내가 지금까지 살아오며 도전했던 것 중에 제일 긴 터널이라는 생각과 함께 밝은 햇살이 나에게 비치는 것을 느끼고 있다.

쉬운 것이 없었던 인생이었기에 터널 속도 여행길이라 생각했다. 분명한 것은 터널은 지나가는 길목일 뿐이다.

빠져나온 터널은 밝은 햇살을 허락한다는 사실이다.

터널을 지나 이 아름다운 세상에서 사는 나를 소개하려 한다.

지금부터는 내가 살아온 이야기를 하고 싶다. 자랑할 것도 내세울 것도 없는 인생이지만 열심히 살다 보니 여기까지 왔다. 그리고 돌아보니 세월이 참으로 빠르다는 생각뿐이다. 지나고 보니 모든 것이 아름답고 행복했던 것 같다.

나는 유난히도 가을에 피는 노란 들국화를 좋아한다. 산속에 여기저기 펴있는 국화를 보고 있노라면 내 모습 같은 생각이 든다. 잡초 같은 꽃, 누구도 돌보지 않아도 어느 모퉁이 비탈길에 버티고 있는 모습, 오직 태양만을 바라보며 자기의 존재를 나타내고 있는 모습은 지난날의 내 모습이었다.

그래서일까 지금도 가을이 되면 양지바른 비탈길에 있는 들국화를 생각하면서 평생을 마음속에 간직하며 되새기고 있던 시를 읊어본다.

국화 옆에서

　　　– 서정주

한 송이의 국화꽃을 피우기 위해
봄부터 소쩍새는
그렇게 울었나 보다.

한 송이의 국화꽃을 피우기 위해
천둥은 먹구름 속에서
또 그렇게 울었나 보다.

그립고 아쉬움에 가슴 조이던
머언 먼 젊음의 뒤안길에서
인제는 돌아와 거울 앞에 선
내 누님같이 생긴 꽃이여

노오란 네 꽃잎이 피려고
간밤엔 무서리가 저리 내리고
내게는 잠도 오지 않았나 보다.

어릴 적부터 유독 내가 좋아하는 시다. 왜 그랬을까, 내 인생을 예측이라도 한 것처럼 이 시를 가슴에 품었다. 그리고 환갑이 되는 날 나는 이 시를 지인들이 있는 축하 자리에서 낭송했다. 낭송하는 내 목소리는 떨고 있었다. 지난 시간을 이 시 하나로 표현할 수 있었다.

작가의 의도하고는 다른 생각으로 나는 시를 해석하며 살았다.

한 송이 국화꽃을 피우기 위해 봄부터 소쩍새와 천둥은, 그렇게 울었나 보다.

나도 울었다. 그리고 웃었다. 삶의 길목에서….

내가 피우고자 했던 국화꽃은 활짝 피어 나를 행복하게 하고 있다. 또한, 옆에 식구까지 있어서 함께 있는 모습들이 아름답다. 어미의 의무가 끝난 지금 나만을 위한 정원을 만들기 위해 꽃들을 심고 있다. 지난날 애절했던 시간은 이제 지났다. 비바람, 천둥소리에 이제는 가슴 조이지 않는다. 그리고 다양한 꽃들을 심고 꽃을 피우며 그들이 주는 아름다움에 감사하며 살고 있다. 그리고 이렇게 새로운 도전을 하며 씩씩하게 말이다.

또한, 앞으로 넘어야 할 산들이 있다면 나는 지금까지 살아온 방법대로 우리가 잘 알고 있는 양사언의 시조를 생각하며 살아갈 것이다.

태산이 높다 하되 하늘 아래 뫼이로다.
오르고 또 오르면 못 오를 일 없건마는
사람은 제 아니 오르고 뫼만 높다 하더라.

이것은 나를 표현하는 가장 아름다운 모습이 될 것이다.

책을 쓰는 중에도 나는 많은 것들을 도전했다.

그중에 가장 큰 도전은 대한체육회가 주최하는 카약 부분 일반인대회에 몇 번 참석해 메달을 목에 걸었다. 또한, 다른 대회도 참석해서 우승하기도 했다. 그리고 가장 큰 도전은 생활스포츠지도자 국가고시에 합격했다. 필기, 실기, 구술, 연수를 마치고 지도자 자격증을 받았다.

긴 시간이었고 힘든 시간이었다. 나의 인내를 시험하는 시간이 되기도 했다. 양사언의 시조를 나는 수없이 암송하면서 견디어 냈다.

열정이란 포기하지 않고 달려가는 것을 증명이라도 하듯 나는 합격했다. 그러나 아직도 끝나지 않은 도전이 있다. 스프린트 K1을 선수처럼 타는 것이다.

지금은 3년 차 아직도 부족한 부분들을 보강하고 익히기 위해 매일 새벽 나는 카약을 타고 있다.

언제쯤 만족스런 카약킹이 될지는 모르지만, 건강이 허락되는 날까지 카약을 타고 달릴 것이다. 또 새로운 도전을 다시 시작했다. 하루를 3일처럼 이라는 구호를 걸고 시작한 일이다. 그것은 하나님 말씀을 암송하면서 그대로 살아보기로 도전했다. 시작해 보니 이 또한 무척 어렵다. 그러나 포기하지 않는 열정으로 달려 갈 것이다. 말씀이 나와 함께하는 그날까지….

또다시 여러분들을 멋있고 건강한 모습으로 만날 수 있기를 바라면서,

지금까지 못난 졸필을 끝까지 읽은 모든 분께 감사드립니다.

행복하고 건강하시기를 빌며 이만 안녕을 고합니다.

감사합니다.

에필로그 / 감사의 말

    모든 것이 마지막 순간을 맞게 되듯이 이 책도 어느덧 마지막 장에 접어들었다. 생각해 보면 고통과 동반한 글쓰기는 70대 노인의 인생이다. 그러나 지난 70년이라는 세월 속에 녹아낸 삶의 지혜가 아닌가 싶다. 이 책을 쓰면서 다른 많은 책을 읽었다. 다른 사람의 인생도 알고 싶고, 또한 그들이 주장하고 있는 것은 무엇인지 궁금했다.

    그리고 내가 내린 결론은 '인생은 반드시 시작과 끝이 있다' 는 진리였다. 행복한 사람도 부자도 가난해도 불행해도 모든 것은 끝이 있다.

그리고 인생은 짧다는 말을 하고 싶다. 누구나 다 아는 사실이지만 우리는 가끔 망각하며 살고 있다. 성경에 나오는 솔로몬의 고백처럼 '헛되고 헛되도다.'라는 고백은 세상 어느 것도 우리를 행복하게 할 수 없다는 것이다. 세상 것으로는 우리의 욕망이 너무 커서 채울 수 없지만, 오직 하나님이 함께할 때 행복은 배가되어 삶의 가치를 빛나게 할 것이다.

나는 글쓰기를 시작하면서 하나님의 임재를 느낄 수 있었다. 생각하는 것과 말하는 것, 행동하는 것 모두가 바뀌기 시작했다. 내가 나를 바꿀 수 없을 때 나를 인도하시는 하나님을 느낄 수 있었다. 또한, 지나온 발자취마다 함께하시고 나를 응원하신 하나님에게 감사와 영광을 돌리며, 옆에서 힘들 때마다, 응원을 아끼지 않은 원희 씨와 미경 씨에게도 정말 감사하다는 인사를 전한다. 또한, 기도 모임 식구들에게도 감사한다. 내가 이렇게 우뚝 설 수 있도록 카약을 통하여 성장하게 하고 인생을 새롭게 살 수 있도록 안내해 준 강 감독님은 아마 평생 잊을 수 없는 스승이다. 그리고 부족한 나를 위해 옆에서 할 수 있다고 용기를 준 내 자식들 모두 고맙고 사랑한다.

　인사를 하고 싶은 사람들이 너무 많다. 모두 모두에게 그대들이 내 옆에 있어 감사하다는 인사를 합니다.
　많은 시간을 투자했던 글쓰기는 나를 새롭게 태어나게 했다.
　그리고 제2의 인생을 살게 해준 버팀목이 되었다.

　앞으로 다가오는 미래가 궁금하다. 1%씩 어렵고 힘든 것을 도전하며 시작했던 일들이 나를 빛나게 하고 있다.
　이 책을 읽었다면 여러분의 5년 아니 10년 후를 상상하기를 바란다. 그때 어떤 모습일지 상상해 보자. 반갑게 환히 웃으면서 "수고했다. 여기까지 오느라고 성공한 네 모습이 참으로 아름답구나." 이런 대화를 나눌 수 있다면 참으로 행복한 일이다.

　나는 5년 후 나에게 달려갈 것이다. 여러분들도 함께 가기를 바란다.

　끝까지 읽어 주신 모든 분께 감사드리며 여러분의 가정과 삶이 행복하기를 기원하면서 인사를 드립니다. 감사합니다.

부록

도전하고 싶은 것을
찾아보자

성공은 도전 없이 이룰 수 없다. 하고 싶은 것이 있다면 당장 시작해 보자. 그리고 용기를 내보자.

도전의 순서를 기억하자. 10개의 순서들을 기억하며 내가 도전하고 싶은 것을 찾아보자!

도전의 순서

1. 평생 하고 싶었던 것을 도전한다.

2. 두려움을 없앤다.

3. 잘할 수 있다는 생각으로 전환한다.

4. 어려운 일이 닥쳤을 때는 일의 과정이라고 생각한다.

5. 인내하며 견디어 낸다.

6. 변하고 있는 것을 느낄 것이다.

7. 자신감이 생긴다.

8. 잘하고 있다.

9. 성공이라는 속으로 들어가고 있다.

10. 행복하다.

인생을 제대로
즐겨보자

쉬운 길만 가서는 발전이 없다. 어려운 것을 선택할수록 성공한다. 인생을 즐겁고 행복하게 사는 길은 '어려움'에 있다.

인생을 제대로 즐기는 5가지 방법을 기억하자. 그리고 성공할 때까지 1% 어려운 일에 도전해보자.

인생을 제대로 즐기는
5가지 방법

첫 번째
1% 어려움을 선택하라.

두 번째
직관을 믿고 결단하라.

세 번째
모든 것을 긍정하라.

네 번째
늘 삶에 감사하라.

다섯 번째
항상 신뢰하고 행동하라.

어려운 것을 선택할수록
삶이 편해진다

세월이 흐를수록, 쉬운 것만 택했다면 뒤를 돌아보며 후회하게 된다. 후회없는 삶을 살기 위한 3가지 법칙을 기억하자.

하루는 내 인생의 축소판이다. 버려야할 것들을 버리고 가져가야 할 것들을 가져가자. 그것이 진정으로 자신을 사랑하는 방법이다.

성공하기 위한
마음가짐 3가지

첫 번째
'너무 늦은 것은 아닌가' 하는
생각을 버리자.
매일매일 새롭게 태어날 수 있다.

두 번째
'내가 해낼 수 있을까' 하는
부정적인 생각을 버리자.
용기는 할 수 있다는 믿음에서 나온다.

세 번째
남들이 하는 말을 따라가지 말자.
타인의 말이 아닌
내 마음속 음성을 들어보자.

도전하기 위한
환경을 만들자

모든 것에는 단계가 있다. 무엇이든 꾸준히 한 계단씩 올라가다 보면 원하는 것을 무엇이든 얻을 수 있다.

하지만 그 단계를 지속해나가는 것은 힘든 일이다. 계속해서 포기하지 않고 목표에 도전하려면 '몰입'을 해야 한다.

몰입하기 위한
조건 5가지

첫 번째
몰입할 수 있는 환경을 우선 확보한다.

두 번째
외부와 차단한다.

세 번째
혼자만의 공간을 가진다.

네 번째
땀 흘릴 수 있는 운동을 한다.

다섯 번째
건강한 식습관을 유지한다.

도전을 성공시키는
세 가지 방법

말하는 순간, 그 어휘의 이미지가 상상된다. 매 순간 성공의 단어로 나 자신을 세뇌를 해보자. 긍정적인 말, 성장시키는 말로 부정적인 생각들을 변환시키는 것이다.

어려운 도전의 순간마다 포기하지 않을 수 있도록 다음 3가지 법칙을 활용해보자.

도전에 성공하려면
반드시 해야할 3가지

1 프레임 속에 자신을 가두어 놓는다.

새로운 도전은 언제나 어렵다. 포기하고 싶을 때마다 내가 만든 성공 프레임에 도전하고 있는 내 모습을 상상하면서 '나는 할 수 있어'라고 말한다.

2 주위 사람에게 선포한다.

새로운 도전을 할 때는 주위에 먼저 알린다. 하고자 하는 일에 대해 포기할 수 없는 상황을 만드는 것이다. 도전에는 주위 사람들의 응원도 필요하다.

3 행동하며 보여 준다.

무엇이든 일단 말한 것을 행동으로 옮기다보면, 언젠가 원하는 자리에 있는 자신을 볼 수 있다. 말만 하고 시작하지 않으면 아무것도 얻을 수 없다.

1% 도전의 행복

챌린지

초판 1쇄 인쇄　2023년 12월 28일
초판 1쇄 발행　2024년 1월 5일
지은이　이은진
편집장　김재익
발행인　엄남미
디자인　고은아
펴낸곳　케이미라클모닝
등록　제2021-000020 호
주소　서울 동대문구 전농로 16길 51, 102-604
전자우편　kmiraclemorning@naver.com
전화　070-8771-2052
ISBN　979-11-92806-15-0 (03330)
ⓒ 이은진, 2024